# 「ウルトラマンタロウ」の青春

白石雅彦

双葉社

# まえがき

本書は、『帰ってきたウルトラマン』『ウルトラマンA《エース》』に続く（注一）、いわゆる第二期ウルトラシリーズ第三弾として登場した『ウルトラマンタロウ』が、いかなる番組だったのかを検証するドキュメンタリーである。同作は一九七三（昭和四八）年四月六日から七四年四月五日まで、金曜夜七時から七時三〇分の時間帯で、全五三話が放送された特撮テレビ番組だ。全五三話というのは、『ウルトラマンコスモス』（注二）の全六五話（ただし初回放送は六〇話）が登場するまで、全シリーズ最長だった。

本書のもう一つの目的は、円谷プロ創立十周年記念の全貌を明らかにすることである。六三年に産声を上げた円谷特技プロダクションは、六八年に円谷プロダクションと名前を改め、二代目代表、円谷一《はじめ》の下、七三年に満十歳を迎えようとしていた。

七一年に始まった、いわゆる第二次怪獣ブーム（変身ブーム）は七三年になっても続いており、火付け役である円谷プロ、東映、ピー・プロダクションの三社はコンスタントに特撮番組を制作していた。

東映は、大ヒット番組『仮面ライダー』の続編『仮面ライダーV3』を皮切りに、変身しない等身大ロボットが警視庁の刑事という異色作『ロボット刑事』（注三）、『人造人間キカイダー』の続編で、キカイダー（ジロー）の兄である01《ゼロワン》（イチロー）が活躍する『キカイダー

（注一）
『帰ってきたウルトラマン』七一年四月二日～七二年三月三一日。『ウルトラマンA』七二年四月七日～七三年三月三〇日。本書の注ではTBS系列の番組は局（系列）名を、東宝配給の映画は社名を省略する（本文中に局名などが含まれている場合も省略している）。

（注二）
二〇〇一（平成一三）年七月七日～〇二年九月二八日。

（注三）
『仮面ライダー』七一年四月三日～七三年二月十日。『仮面ライダーV3』七三年二月十七日～七四年二月九日、ともにNET（現・テレビ朝日）系列。『ロボット刑事』七三年四月五日～九月二七日、フジテレビ系列。

01』、サナギマンからイナズマンへの二段変身が新鮮だった『イナズマン』(注四)の他、〃東映まんがまつり〃の春興行で『飛び出す人造人間キカイダー』(監督・北村秀敏)、夏興行で『仮面ライダーV3対デストロン怪人』(監督・山田稔)を、それぞれ三月十七日と七月十八日に公開している。

『宇宙猿人ゴリ』でブームの先陣を切ったピー・プロダクションは、同社の代表作と言える『快傑ライオン丸』の姉妹編で、マカロニウエスタン風の時代劇特撮『風雲ライオン丸』と、それまでの特撮ヒーロー番組の常識を覆すエピソードが続出した『鉄人タイガーセブン』を制作、存在感を示した(注五)。

この他、東宝映像が『流星人間ゾーン』(注六)で巨大ヒーロー路線に参入した。同作にはゴジラ、キングギドラ、ガイガンが登場して話題を呼んだ。本作に先駆け、同社はゴジラシリーズ第十三作『ゴジラ対メガロ』(監督・福田純、特殊技術・中野昭慶)を〃東宝チャンピオンまつり〃の春興行番組として製作(三月十七日公開)、同日公開の『飛び出す人造人間キカイダー』にぶつけた。『ゴジラ対メガロ』には、円谷プロ制作『ミラーマン』の後番組で大人気を博していた巨大ロボットアニメ『マジンガーZ』の影響を受け、ジェットジャガーというゴジラの味方ロボットが登場する(注七)。

前年『愛の戦士レインボーマン』を成功させた東宝は、同じ川内康範原作の『ダイヤモンド・アイ』を制作(注八)。これは主人公の雷甲太郎が変身せず、ヒーローは、彼が身に着けたダイヤの指輪から登場するというひねった設定だった。

(注四)
『人造人間キカイダー』七二年七月八日〜七三年五月五日。

『キカイダー01』七三年五月十二日〜七四年三月三〇日。

『イナズマン』七三年十月二日〜七四年三月二六日、いずれもNET系列。

(注五)
『宇宙猿人ゴリ』七一年一月二日〜七二年三月二五日。

『快傑ライオン丸』七二年四月一日〜七三年四月七日。

『風雲ライオン丸』七三年四月十四日〜九月二九日。

『鉄人タイガーセブン』七三年十月六日〜七四年三月三〇日、いずれもフジテレビ系列。

(注六)
七三年四月二日〜九月二四日、日本テレビ系列。

(注七)
『ミラーマン』七一年

日本のテレビヒーローの元祖『月光仮面』を制作した宣弘社は、実写巨大ロボット特撮『スーパーロボット レッドバロン』を、テレビ映画制作会社の老舗、国際放映は『魔人ハンターミツルギ』でモデルアニメーション（コマ撮り撮影、アニクリエーションと称された）による特撮作品に挑戦、京都の大和企画（旧・日本電波映画）は、捕物帖と変身ヒーローを合体させた『白獅子仮面』を制作している（注九）。

円谷プロは十周年記念作品の一つとして、まず七二年十二月十七日に『怪獣大奮戦 ダイゴロウ対ゴリアス』を東宝チャンピオンまつりの冬興行で公開。翌七三年一月には『ファイヤーマン』『ジャンボーグA《エース》』の二作品が相次いで放送開始、十周年を大いに盛り上げた。そのトリとして登場したのが『ウルトラマンタロウ』なのである。

『帰ってきたウルトラマン』から『ウルトラマンレオ』（注十）まで四作品ある〝第二期ウルトラシリーズ〟は、シリーズ途中の路線変更が相次いだ作品群だった。しかし『ウルトラマンタロウ』は、マイナーチェンジだけで安定した人気を保ち、一年間の長丁場を乗り切った。その意味では、四つのうちで最も成功したと言えるかもしれない。

TBS側プロデューサーは橋本洋二、円谷プロ側は熊谷健、これは前作『ウルトラマンA』と変わらぬ布陣だ。メインライターは『帰ってきたウルトラマン』でデビューした円谷プロ生え抜きの田口成光が初担当。三人は息の合ったチームワークで、これまでと趣の異なるウルトラヒーローを創造した。脚本は他にベテランの石堂淑朗《いしどうとしろう》、その弟子で本作がデビューとなる阿井文瓶《あいぶんぺい》、異色作を連発した大原清秀、そして佐々木守、上原正三らが加わって個性豊

十二月五日～七二年十一月二六日。

『マジンガーZ』七二年十二月三日～七四年九月一日、ともにフジテレビ系列。

（注八）
『愛の戦士レインボーマン』七二年十月六日～七三年九月二八日、NET系列。東宝側プロデューサーは野口光一、特殊技術は有川貞昌で、二人とも一時円谷プロに所属していた。

『ダイヤモンド・アイ』七三年十月五日～七四年三月二九日、NET系列。

（注九）
『月光仮面』五八年二月二四日～五九年七月五日。

『スーパーロボット レッドバロン』七三年七月四日～七四年三月二七日、日本テレビ系列。

『魔人ハンターミツルギ』七三年一月八日～三月二六日、フジテレビ系列。

かなエピソードを提供した。メイン監督は理論派の山際永三、ほかに東宝のプログラムピクチャー出身の筧正典《かけひまさのり》、TBS出身でアクの強い演出が特徴の真船禎《まふねただし》、そして深沢清澄、山本正孝といった新人が活躍した。

本書はプロローグを含む五つのパートに分かれている。以下、そのあらましを紹介する。

プロローグ「一九七三年二月九日金曜日朝」は、『帰ってきたウルトラマン』で第二次怪獣ブームを巻き起こした円谷プロが、創立十周年に向けて制作した三作品、『怪獣大奮戦ダイゴロウ対ゴリアス』『ファイヤーマン』『ジャンボーグA』の軌跡とともに、円谷プロ二代目代表だった円谷英二の長男、円谷一の死までを描く。

第一部「ウルトラ六番目の兄弟」は、『ウルトラマンタロウ』の立ち上げから第十三話「怪獣の虫歯が痛い！」までの初期作品群を紹介していく。

第二部「確立されるファミリー路線」は、石堂淑朗らしさが炸裂した第十四話「タロウの首がすっ飛んだ！」から第二五話「燃えろ！ウルトラ6兄弟」まで、ウルトラ兄弟と両親が繰り返し登場し、ファミリー路線を強く意識した作品であったことを改めて検証する。

第三部「かくてタロウは戦う！」は、第二六話「僕にも怪獣は退治できる！」から第三九話「ウルトラ父子《おやこ》餅つき大作戦！」までを取り上げている。新人脚本家、阿井文瓶のデビュー、シリーズ初の敵宇宙人の登場など、番組がマイナーチェンジしていった第三クールの作品群にスポットを当てる。

第四部「ウルトラマンタロウの青春」は、第四〇話「ウルトラ兄弟を超えてゆけ！」から

『白獅子仮面』七三年四月四日～六月二七日、日本テレビ系列。

（注十）七四年四月十二日～七五年三月二八日。

最終回「さらばタロウよ！ ウルトラの母よ！」まで、異色作が続いた第四クールの作品群について解説している。最終回については、準備稿と完成作品の差違が大きいので、出来る限り詳しく紹介してある。

本書は『「ウルトラQ」の誕生』から始まるシリーズの七作目である。従来通り、単独で読んでも楽しんでいただける内容になっていると思う。

今回は、過去のシリーズではあえて避けていたことを行っている。それは『ウルトラマンタロウ』の主役、東光太郎《ひがしこうたろう》を演じた篠田三郎への取材だ。これまでは裏方目線のドキュメンタリーというテーマを掲げていたため、出演者の取材を行って来なかった（それは、筆者自身が裏方出身ということもある）。

しかし『ウルトラマンタロウ』という番組の魅力は、篠田が演じた東光太郎というキャラクターに負うところが多く、番組のドキュメンタリーを書く上で今回は欠かせないと判断した。なお篠田以外の出演者に関しては、必要に応じて関連書物などから談話を引用した。

新規取材は他に、プロデューサーの橋本洋二、監督の山際永三、真船禎、脚本の田口成光、阿井文瓶、そして小学館の学年誌『小学三年生』の編集者だった上野明雄に行った。インタビューに応じていただいた皆様に改めて御礼申し上げる。

すでに鬼籍に入った関係者に関しては、筆者が過去に行ったインタビューと関連書物から談話を引用している。脚本の上原正三の談話（一箇所）は、筆者がかつて行ったインタビューの未発表部分である。これは生前の上原に「掲載の機会があったら発表していいか」と確認し、許諾を受けた上での掲載である。

引用箇所全般については凡例（脚本リストの後に掲載）に示したルールに従っている。なお、インタビュー記事の定番である〝（笑）〟という表現に関しては、本書に入れるのは違和感があったので、全て省略させて頂いた。

文中〝脚本では〟と書いてある場合、準備稿と決定稿（あるいは最終稿）共通で、という意味である。そうでない場合は〝準備稿では〟〝決定稿では〟などと記した。

また、ウルトラ兄弟の表記であるが、本書は番組制作時にフォーカスした内容なので、当時の企画書や脚本に従っている。例えば『帰ってきたウルトラマン』に登場するヒーローは、〝ウルトラマンジャック〟が現在の公式名称であるが、本書では〝帰ってきたウルトラマン〟や〝新マン〟、またウルトラマンは〝初代ウルトラマン〟などと表記している。同じ理由で、現在の公式名称である〝ウルトラマンシリーズ〟ではなく、当時一般的だった〝ウルトラシリーズ〟という呼称を使用している。

番組の視聴率は、これまでと同様ビデオリサーチ社が調査したもの（関東地区）を使用している。ただし、現在一般の閲覧が許されていないため、改めて調査することが不可能であった。そのため、円谷プロ側で記録されたデータを元に一部ネット情報で補完したが、それでも一部抜けがあり、完全なものではない。やむを得ない事情であり、ご理解いただきたい。

本書はドキュメンタリーであり、各種資料や証言などを検証し、推論した部分に関しては、出来る限り中立な視点で描いたが、同時に各エピソードに関する評論も行っている。この評論部分に関しては、筆者の主観が入り込んでいる部分があることをあらかじめご了承願いたい。なお、本文中の敬称は省略させて頂いた。

最後に、本書で展開する説は、あくまで筆者個人の考えであり、円谷プロの公式見解でないことをあらかじめお断りしておく。

# 目次

まえがき　3
『ウルトラマンタロウ』放送リスト　12
『ウルトラマンタロウ』脚本リスト　16
プロローグ　一九七三年二月九日金曜日朝　21
円谷プロ創立十周年　22
怪獣大奮戦 ダイゴロウ対ゴリアス　25
炎の男　34
制作準備進む　42
放送枠決定！　45
温められていた企画　48
『ジャンボーグA』の発進　54
一九七三年二月九日金曜日朝　59
第一部　ウルトラ六番目の兄弟　63
特撮空想科学シリーズ・ウルトラジジャック　64
タロウが飛び立つ！　70
『ウルトラマンタロウ』のキャスティング　78
ウルトラの母は太陽のように　87
タイトルバックの特撮　97
ウルトラの母登場！　101
さおりの想い　107
石堂淑朗は蟹がお好き　118

怪談呪いの蔦　124

## 第二部　確立されるファミリー路線　135

タロウの首はすっ飛んだのか?　136
タロウよ！ ゾフィーよ！ ウルトラの母よ！　143
本編監督の特殊技術　146
これがウルトラの国だ！　156

## 第三部　かくてタロウは戦う！　169

石堂淑朗と阿井文瓶　170
怪獣宇宙人登場シリーズ　177
ウルトラ兄弟のバーベキュー　184
昇る朝日に跪《ひざまず》く　194
炸裂する石堂節　200

## 第四部　ウルトラマンタロウの青春　209

タロウ名物・怪獣の塩漬け　210
日本の童謡シリーズ　219
ラストスパート　229
ウルトラマンタロウの青春　235
エピローグ・それぞれの『ウルトラマンタロウ』　243

## あとがき　251

## 参考資料　256

## 山際組撮影スケジュール　263

## 『ウルトラマンタロウ』放送リスト（TBS系列金曜19：00～）

| 放送日 | 話数 | タイトル | 別タイトル（一部の脚本に見られる表記） | 脚本 | 監督 | 特殊技術 | 登場超獣、怪獣、宇宙人 | 視聴率 |
|---|---|---|---|---|---|---|---|---|
| 1973年4月6日 | 1 | ウルトラの母は太陽のように | | 田口成光 | 山際永三 | 佐川和夫 | アストロモンス、チグリスフラワー、オイルドリンカー | 21.7 |
| 4月13日 | 2 | その時ウルトラの母は | 絶体絶命《ピンチ》！ウルトラマンタロウ／その時、ウルトラの母は | 田口成光 | 山際永三 | 山本正孝 | コスモリキッド、ライブキング | 18.2 |
| 4月20日 | 3 | ウルトラの母はいつまでも | ウルトラの母は強し！ | 田口成光 | 山際永三 | 山本正孝 | コスモリキッド、ライブキング | 19.7 |
| 4月27日 | 4 | 大海亀怪獣 東京を襲う！ | 二大カメ獣は涙の海に復讐を誓った 前篇 | 上原正三 | 吉野安雄 | 鈴木清 | キングトータス、クイントータス | 18.2 |
| 5月4日 | 5 | 親星子星一番星 | 親亀子亀涙の大復讐戦！／親星子星・一番星 | 上原正三 | 吉野安雄 | 鈴木清 | キングトータス、クイントータス、ミニトータス | 18.0 |
| 5月11日 | 6 | 宝石は怪獣の餌だ！ | エジプト石の謎／怪獣は宝石がお好き | 田口成光 | 筧正典 | 川北紘一 | ジレンマ | 15.0 |
| 5月18日 | 7 | 天国と地獄 島が動いた！ | 島が動いた！ | 石堂淑朗 | 筧正典 | 川北紘一 | ガンザ、タガール | 17.1 |
| 5月25日 | 8 | 人喰い沼の人魂 | | 田口成光 | 岡村精 | 山本正孝 | トンダイル | 17.2 |
| 6月1日 | 9 | 東京の崩れる日 | 東京大崩壊！怪獣は酢のものがお好き… | 石堂淑朗 | 岡村精 | 山本正孝 | アリンドウ | 17.2 |
| 6月8日 | 10 | 牙の十字架は怪獣の墓場だ！ | 海象《せいうち》怪獣出現！風呂の底は海だった | 木戸愛楽 | 山際永三 | 大平隆 | デッパラス、再生デッパラス | 15.1 |
| 6月15日 | 11 | 血を吸う花は少女の精 | 吸血怨み花 | 木戸愛楽 | 山際永三 | 大平隆 | バサラ | 15.2 |
| 6月22日 | 12 | 怪獣ひとり旅 | 怪獣ひとり旅―九州篇― | 田口成光 | 深沢清澄 | 山本正孝 | ボルケラー | 15.7 |
| 6月29日 | 13 | 怪獣の虫歯が痛い！ | 燃えろ！太陽の国―九州篇― | 田口成光 | 深沢清澄 | 山本正孝 | シェルター | 16.2 |

| | | | | | | | | |
|---|---|---|---|---|---|---|---|---|
| 7月6日 | 14 | タロウの首がすっ飛んだ! | | 石堂淑朗 | 山際永三 | 山際永三(クレジットなし) | エンマーゴ | 14.5 |
| 7月13日 | 15 | 青い狐火の少女 | | 斉藤正夫 | 筧正典 | 大平隆 | ミエゴン | 16.3 |
| 7月20日 | 16 | 怪獣の笛がなる | 笛吹けば怪獣が踊る | 田口成光 | 筧正典 | 大平隆 | オカリヤン | 16.6 |
| 7月27日 | 17 | 2大怪獣タロウに迫る! | 2大怪獣タロウに迫る‼―前篇―/2大怪獣タロウに迫る‼―第1部― | 田口成光 | 深沢清澄 | 小林正夫 | ケムジラ、バードン | 12.5 |
| 8月3日 | 18 | ゾフィが死んだ! タロウも死んだ! | タロウが死んだ!ゾフィも死んだ!―中篇―/タロウが死んだ!ゾフィも死んだ!―第2部― | 田口成光 | 深沢清澄 | 小林正夫 | ケムジラ、バードン | 12.7 |
| 8月10日 | 19 | ウルトラの母 愛の奇跡! | ウルトラの母 愛の奇跡!―後篇―/ウルトラの母 愛の奇跡!―第3部― | 田口成光 | 深沢清澄 | 小林正夫 | バードン | 15.1 |
| 8月17日 | 20 | びっくり! 怪獣が降ってきた | 怪獣が落ちてきた! | 石堂淑朗 | 山本正孝 | 山際永三 | フライング ライドロン(母子) | 14.4 |
| 8月24日 | 21 | 東京ニュータウン沈没 | 蝉しぐれ怪獣挽歌 | 田口成光 | 山本正孝 | 山際永三 | キングゼミラ | 15.8 |
| 8月31日 | 22 | 子連れ怪獣の怒り! | 子連れ怪獣を撃て! | 大原清 | 筧正典 | 大平隆 | パンドラ、チンペ | 15.7 |
| 9月7日 | 23 | やさしい怪獣お父さん! | 自動車とけた ZATもとけた! | 石堂淑朗 | 筧正典 | 大平隆 | ロードラ | 16.1 |
| 9月14日 | 24 | これがウルトラの国だ! | ウルトラの国へ飛べ‼ 前篇/これがウルトラの国だ! 前篇 | 田口成光 | 山際永三 | 佐川和夫 | ムルロア、スペースモス、ラビドッグ | 17.7 |
| 9月21日 | 25 | 燃えろ! ウルトラ6兄弟 | | 田口成光 | 山際永三 | 佐川和夫 | ムルロア、スペースモス、ラビドッグ | 19.3 |
| 9月28日 | 26 | 僕にも怪獣は退治できる! | | 阿井文瓶 | 深沢清澄 | 小林正夫 | ムカデンダー | 16.4 |
| 10月5日 | 27 | 出た! メフィラス星人だ! | 怪獣売ります | 大原清 | 深沢清澄 | 小林正夫 | メフィラス星人(二代目)、マンダリン草 | 16.8 |

| 放送日 | 話数 | タイトル | 別タイトル（一部の脚本に見られる表記） | 脚本 | 監督 | 特殊技術、特撮監督※ | 登場超獣、怪獣、宇宙人 | 視聴率 |
|---|---|---|---|---|---|---|---|---|
| 10月12日 | 28 | 怪獣エレキング満月に吼える！ | マンモスの牙が満月に吼えた！ | 石堂淑朗 | 高橋勝 | 山際永三 | エレキング（再生） | 17.1 |
| 10月19日 | 29 | ベムスター復活！タロウ絶体絶命！ | タロウを殺せ‼ ヤプール・ベムスター 前篇／ベムスター復活！タロウ絶体絶命《ピンチ》！ 前篇 | 田口成光 | 山本正孝 | 高野宏一 | 巨大ヤプール（改造）、ベムスター（改造） | 18.7 |
| 10月26日 | 30 | 逆襲！怪獣軍団 | 超獣・怪獣ヤプール大進撃！後篇／逆襲！怪獣軍団 後篇 | 田口成光 | 山本正孝 | 高野宏一 | 巨大ヤプール（改造）、ベムスター（改造）、サボテンダー（改造）、ベロクロン二世（改造） | 18.9 |
| 11月2日 | 31 | あぶない！嘘つき毒きのこ | きのこジャングル！東京残酷物語 | 大原清秀 | 筧正典 | 深沢清澄 | お化けキノコ、マシュラ、キノコ人間 | 16.6 |
| 11月9日 | 32 | 木枯し怪獣！風の又三郎 | 怪獣！風の又三郎 | 阿井文瓶 | 筧正典 | 深沢清澄 | グロン | 18.0 |
| 11月16日 | 33 | ウルトラの国 大爆発5秒前！ | ウルトラ兄弟全滅作戦！—前篇— | 佐々木守 | 真船禎 | 山本正孝 | テンペラー星人 | 18.2 |
| 11月23日 | 34 | ウルトラ6兄弟最後の日！ | ウルトラ6兄弟最後の日！—後篇— | 佐々木守 | 真船禎 | 山本正孝 | テンペラー星人 | 19.1 |
| 11月30日 | 35 | 必殺！タロウ怒りの一撃！ | | 田口成光 | 深沢清澄 | 高橋勝 | カタン星人 | 16.9 |
| 12月7日 | 36 | ひきょうもの！花嫁は泣いた | 花嫁人形 氷の牙が光る時！ | 阿井文瓶 | 深沢清澄 | 高橋勝 | グロスト | 18.8 |
| 12月14日 | 37 | 怪獣よ故郷へ帰れ！ | 怪獣逃亡者 | 石堂淑朗 | 筧正典 | 大木淳 | ヘルツ、メドウーサ星人 | 18.2 |
| 12月21日 | 38 | ウルトラのクリスマスツリー | タロウのクリスマスツリー | 田口成光 | 筧正典 | 大木淳 | ミラクル星人、テロリスト星人 | 17.2 |
| 12月28日 | 39 | ウルトラ父子《おやこ》餅つき大作戦！ | | 石堂淑朗 | 山際永三 | 山本正孝 | モチロン | 20.2 |
| 1974年1月4日 | 40 | ウルトラ兄弟を超えてゆけ！ | ウルトラ兄弟を超えて行け‼ 35大怪獣登場！／ウルトラ兄弟を超えてゆけ！—35大怪獣宇宙人登場— | 田口成光 | 山際永三 | 山本正孝 | タイラント、35大怪獣宇宙人 | 17.7 |

| | | | | | | | | |
|---|---|---|---|---|---|---|---|---|
| 1月11日 | 41 | 母の願い 真冬の桜吹雪! | 桜吹雪! 怪獣を消せ!／母の願い 真冬の桜吹雪 | 阿井文瓶 | 深沢清澄 | 高橋勝 | ゴンゴロス | 19.3 |
| 1月18日 | 42 | 幻の母は怪獣使い! | | 大原清秀 | 深沢清澄 | 高橋勝 | エレジア、アンドロイド聖子 | 19.3 |
| 1月25日 | 43 | 怪獣を塩漬にしろ! | 裏切るな! 星は見ている | 阿井文瓶 | 真船禎 | 東條昭平 ※※ | モットクレロン | 19.9 |
| 2月1日 | 44 | あっ! タロウが食べられる! | タロウが食べられる! | 田口成光 | 真船禎 | 東條昭平 ※※ | きさらぎ星人、オニバンバ | 20.5 |
| 2月8日 | 45 | 日本の童謡から 赤い靴はいてた… | 怪奇童話! 赤い靴—日本の童謡から—／赤い靴はいてた…—日本の童謡から— | 阿井文瓶 | 筧正典 | 矢島信男 | ドルズ星人、メモール | |
| 2月15日 | 46 | 日本の童謡から 白い兎は悪い奴! | いなばの白兎気侭な旅—日本の童謡から—／白い兎は悪い奴!—日本の童謡から— | 石堂淑朗 | 筧正典 | 矢島信男 | ピッコロ | |
| 2月22日 | 47 | 日本の童謡から 怪獣大将 | 怪獣大将おれ一人…—日本の童謡から—／怪獣大将—日本の童謡から— | 阿井文瓶 | 山際永三 | 大木淳 | ゲラン、ゴルゴザウルス二世 | |
| 3月1日 | 48 | 日本の童謡から 怪獣ひなまつり | 怪獣まつり雛まつり | 阿井文瓶 | 山際永三 | 大木淳 | ベロン、ファイル星人 | |
| 3月8日 | 49 | 歌え! 怪獣ビッグマッチ | 怪獣狩り | 石堂淑朗 | 前田勲 | 矢島信男 | オルフィ、カーン星人 | |
| 3月15日 | 50 | 怪獣サインはV | | 阿井文瓶 | 前田勲 | 矢島信男 | ガラキング | **20.8** |
| 3月22日 | 51 | ウルトラの父と花嫁が来た! | ウルトラの父とお嫁さんが来た! | 阿井文瓶 | 筧正典 | 大木淳 | リンドン | |
| 3月29日 | 52 | ウルトラの命を盗め! | わるだくみ! 泥棒怪獣の罠 | 石堂淑朗 | 筧正典 | 大木淳 | ドロボン | |
| 4月5日 | 53 | さらばタロウよ! ウルトラの母よ! | さらばタロウよ! ウルトラの兄弟よ! | 田口成光 | 筧正典 | 大木淳 | バルキー星人、サメクジラ | **18.0** |

※ 第45話以降。 ※※クレジットでは「東条」。
視聴率はビデオリサーチ調べ関東地区のもの。円谷プロの資料による。太字はその他の資料による数字。

## 『ウルトラマンタロウ』脚本リスト（早稲田大学演劇博物館所蔵のもの）

※企画書を含む。本文ではここに含まれないものも一部資料として参照している。話数は台本表紙に記載の数字。空欄は記載のないもの。

| 日付 | 話数 | タイトル | 種類 |
|---|---|---|---|
| 1972年10月25日 | | ウルトラジャック（仮題） | 新企画案 |
| 1973年1月10日 | 1 | ウルトラの母は太陽のように | 準備稿 |
| 1月16日 | 1 | ウルトラの母は太陽のように | 決定稿 |
| 1月23日 | 2 | 絶体絶命《ピンチ》！ ウルトラマンタロウ | 準備稿 |
| 1月26日 | 3 | ウルトラの母は強し！ | 準備稿 |
| 1月30日 | 2 | その時、ウルトラの母は | 決定稿 |
| 1月30日 | 3 | ウルトラの母はいつまでも | 決定稿 |
| 2月6日 | 1 | ウルトラの母は太陽のように | 最終稿 |
| 2月7日 | 2 | その時ウルトラの母は | 最終稿 |
| 2月7日 | 3 | ウルトラの母はいつまでも | 最終稿 |
| 2月22日 | 4 | 二大カメ獣は涙の海に復讐を誓った 前篇 | 準備稿 |
| 2月23日 | 4 | 大海亀怪獣東京を襲う！ | 決定稿 |
| 2月24日 | 5 | 親亀子亀涙の大復讐戦！ | 決定稿 |
| 3月3日 | 5 | 親星子星・一番星 | 最終稿 |
| 3月17日 | 6 | 島が動いた！ | 準備稿 |
| 3月17日 | 7 | エジプト石の謎 | 準備稿 |

| 日付 | 話数 | タイトル | 種類 |
|---|---|---|---|
| 3月22日 | 6 | 天国と地獄 島が動いた！ | 決定稿 |
| 3月22日 | 7 | 怪獣は宝石がお好き | 決定稿 |
| 4月4日 | | 人喰い沼の人魂 | 準備稿 |
| 4月4日 | | 東京大崩壊！ 怪獣は酢のものがお好き… | 準備稿 |
| 4月7日 | 8 | 人喰い沼の人魂 | 決定稿 |
| 4月7日 | 10 | 海象《せいうち》怪獣出現！ 風呂の底は海だった | 準備稿 |
| 4月10日 | 9 | 東京の崩れる日 | 決定稿 |
| 4月19日 | 10 | 牙の十字架は怪獣の墓場だ！ | 決定稿 |
| 5月4日 | 11 | 血を吸う花は少女の精 | 決定稿 |
| 5月12日 | | 怪獣ひとり旅 —九州篇— | 準備稿 |
| 5月14日 | 14 | 燃えろ！ 太陽の国 —九州篇— | 準備稿 |
| 5月15日 | 12 | 怪獣ひとり旅 | 決定稿 |
| 5月15日 | 13 | 怪獣の虫歯が痛い！ | 決定稿 |
| 5月28日 | | 青い狐火の少女 | 準備稿 |
| 5月29日 | | タロウの首がすっ飛んだ！ | 準備稿 |
| 6月1日 | 14 | タロウの首がすっ飛んだ！ | 決定稿 |
| 6月4日 | 15 | 青い狐火の少女 | 決定稿 |

| 日付 | 話数 | タイトル | 種類 |
|---|---|---|---|
| 6月6日 | 16 | 笛吹けば怪獣が踊る | 準備稿 |
| 6月9日 | 16 | 怪獣の笛がなる | 決定稿 |
| 6月20日 | 17 | 2大怪獣タロウに迫る‼ ―前篇― | 準備稿 |
| 6月22日 | | 怪獣が落ちてきた！ | 準備稿 |
| 6月22日 | | 子連れ怪獣を撃て！ | 準備稿 |
| 6月22日 | | タロウが死んだ！ ゾフィも死んだ！ ―中篇― | 準備稿 |
| 6月23日 | 19 | ウルトラの母 愛の奇跡！ ―後篇― | 準備稿 |
| 6月25日 | 17 | 2大怪獣タロウに迫る‼ ―第1部― | 決定稿 |
| 6月25日 | 18 | ゾフィが死んだ！ タロウも死んだ！ ―第2部― | 決定稿 |
| 6月25日 | 19 | ウルトラの母 愛の奇跡！ ―第3部― | 決定稿 |
| 6月30日 | | 蝉しぐれ怪獣挽歌 | 準備稿 |
| 6月30日 | | 怪獣無惨！ 果報は寝て待て | 準備稿 |
| 7月3日 | 20 | びっくり！ 怪獣が降ってきた | 決定稿 |
| 7月3日 | 21 | 東京ニュータウン沈没 | 決定稿 |
| 7月11日 | 22 | 子連れ怪獣の怒り！ | 決定稿 |
| 7月12日 | 23 | 自動車とけたZATもとけた！ | 決定稿 |
| 7月19日 | | 僕にも怪獣は退治できる！ | 準備稿 |
| 7月28日 | 24 | ウルトラの国へ飛べ‼ 前篇 | 準備稿 |
| 7月31日 | | 怪獣売ります | 準備稿 |

| 日付 | 話数 | タイトル | 種類 |
|---|---|---|---|
| 7月31日 | 25 | 燃えろ！ ウルトラ6兄弟 | 準備稿 |
| 8月6日 | | マンモスの牙が満月に吼えた！ | 準備稿 |
| 8月7日 | 24 | これがウルトラの国だ！ 前篇 | 決定稿 |
| 8月11日 | 25 | 燃えろ！ ウルトラ6兄弟 | 決定稿 |
| 8月13日 | | きのこジャングル！ 東京残酷物語 | 準備稿 |
| 8月22日 | 26 | 僕にも怪獣は退治できる！ | 決定稿 |
| 8月24日 | | 怪獣！ 風の又三郎 | 準備稿 |
| 8月24日 | 27 | 出た！ メフィラス星人だ！ | 決定稿 |
| 8月31日 | 28 | 怪獣エレキング 満月に吼える！ | 決定稿 |
| 9月6日 | 29 | タロウを殺せ‼ ヤプール・ベムスター 前篇 | 準備稿 |
| 9月7日 | 30 | 超獣・怪獣ヤプール大進撃！ 後篇 | 準備稿 |
| 9月12日 | 29 | ベムスター復活！ タロウ絶体絶命《ピンチ》！ 前篇 | 決定稿 |
| 9月12日 | 30 | 逆襲！ 怪獣軍団 後篇 | 決定稿 |
| 9月25日 | 31 | あぶない！ 嘘つき毒きのこ | 決定稿 |
| 9月25日 | 32 | 木枯し怪獣！ 風の又三郎 | 決定稿 |
| 10月4日 | | 幻の母は怪獣使い！ | 準備稿 |
| 10月4日 | | 花嫁人形 氷の牙が光る時！ | 準備稿 |
| 10月8日 | | 銀河を翔ろ！ タロウからの手紙 | 準備稿 |
| 10月8日 | | 怪獣無情！ 昇る朝日に跪く | 準備稿 |
| 10月9日 | 33 | ウルトラ兄弟全滅作戦！ ―前篇― | 準備稿 |

| 日付 | 話数 | タイトル | 種類 |
|---|---|---|---|
| 10月11日 | 34 | ウルトラ6兄弟最後の日！―後篇― | 準備稿 |
| 10月13日 | 33 | ウルトラの国 大爆発5秒前！ | 決定稿 |
| 10月13日 | 34 | ウルトラ6兄弟最後の日！ | 決定稿 |
| 10月24日 | 35 | 必殺！ タロウ怒りの一撃 | 決定稿 |
| 10月24日 | 36 | ひきょうもの！ 花嫁は泣いた | 決定稿 |
| 10月30日 | 37 | 怪獣逃亡者 | 準備稿 |
| 11月5日 | 37 | 怪獣よ故郷へ帰れ！ | 決定稿 |
| 11月5日 | 38 | タロウのクリスマスツリー | 決定稿 |
| 11月15日 | 40 | ウルトラ兄弟を超えて行け!! 35大怪獣登場！ | 準備稿 |
| 11月19日 | 39 | ウルトラ父子《おやこ》餅つき大作戦！ | 準備稿 |
| 11月19日 | 40 | ウルトラ兄弟を超えてゆけ！―35大怪獣宇宙人登場― | 決定稿 |
| 11月22日 | 39 | ウルトラ父子《おやこ》餅つき大作戦！ | 決定稿 |
| 11月29日 | 41 | 桜吹雪！ 怪獣を消せ！ | 準備稿 |
| 12月3日 | 41 | 母の願い 真冬の桜吹雪 | 決定稿 |
| 12月3日 | 42 | 幻の母は怪獣使い！ | 決定稿 |
| 12月11日 | 44 | タロウが食べられる！ | 準備稿 |
| 12月13日 | 43 | 裏切るな！ 星は見ている | 準備稿 |
| 12月15日 | 43 | 怪獣を塩漬にしろ！ | 決定稿 |
| 12月24日 |  | 怪奇童話！ 赤い靴―日本の童謡から― | 準備稿 |

| 日付 | 話数 | タイトル | 種類 |
|---|---|---|---|
| 12月24日 |  | いなばの白兎気侭な旅―日本の童謡から― | 準備稿 |
| 12月28日 | 45 | 赤い靴はいてた…―日本の童謡から― | 決定稿 |
| 12月28日 | 46 | 白い兎は悪い奴！―日本の童謡から― | 決定稿 |
| 1974年1月11日 | 48 | 怪獣まつり雛まつり | 準備稿 |
| 1月12日 | 47 | 怪獣大将おれ一人… ―日本の童謡から― | 準備稿 |
| 1月14日 | 48 | 怪獣ひなまつり | 決定稿 |
| 1月16日 | 47 | 怪獣大将―日本の童謡から― | 決定稿 |
| 1月19日 | 50 | 怪獣サインはV | 準備稿 |
| 1月24日 | 49 | 怪獣狩り | 準備稿 |
| 1月28日 | 50 | 怪獣サインはV | 決定稿 |
| 1月29日 | 49 | 怪獣狩り | 決定稿 |
| 2月4日 | 51 | ウルトラの父とお嫁さんが来た！ | 準備稿 |
| 2月6日 | 51 | ウルトラの父と花嫁が来た！ | 決定稿 |
| 2月9日 | 52 | わるだくみ！ 泥棒怪獣の罠 | 準備稿 |
| 2月12日 | 53 | さらばタロウよ！ ウルトラの兄弟よ！ | 準備稿 |
| 2月14日 | 52 | ウルトラの命を盗め！ | 決定稿 |
| 2月18日 | 53 | さらばタロウよ！ ウルトラの母よ！ | 決定稿 |

※〝―日本の童謡から―〟シリーズは、脚本のタイトル部分にその表記がないものがある。

## 【凡例】引用箇所について

※公刊された出版物からの引用箇所と、企画書、脚本などからの引用箇所はフォントを変えて区別している（後者は合わせて上に罫線を敷いている）。

※改行位置、書式（改行後の一字下げなど）は本書のレイアウト（縦書き）に合わせて一部変更している。

※脚本、企画書に関しては、一九七三年当時は仮名の小書きが使用されていない。つまり「だった」などは「だつた」と印刷されているが、読みやすいよう、小書きに改めてある。

※明らかな誤字、脱字や誤記は改め、注記していない。

※インタビュー記事に関しては、わかりやすいように、発言者の前に名前を加えた。例えば〝熊谷　『ウルトラマンタロウ』の頃になると、マーチャンの売り上げが制作費に上乗せできるようになってきました〟という引用があった場合、原文に〝熊谷〟という名前は入っていない。

※当時の習慣で「闘」の略字として「斗」が用いられている箇所は全て「闘」に改めた。

※細かな表記の揺れや、一般的でない送り仮名などは原文のままとして注記していない。

※あえて原文通りにしている箇所を示す場合は「原文ママ」と補った。

# 山際永三撮影台本

『ウルトラマンタロウ』メイン監督の山際永三が撮影に使用した台本を紹介する。
興味深い事実が数多く書き込まれている。

①

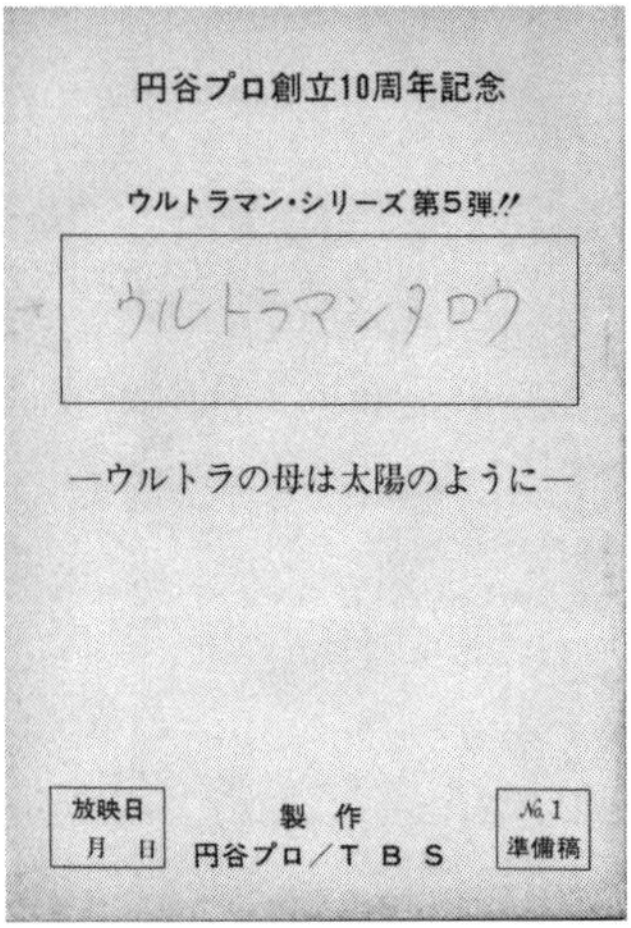


第１話「ウルトラの母は太陽のように」準備稿。番組タイトルは山際が鉛筆で書き込んだもの。

②

第１話最終稿。表紙の色は赤。山際の修正台本（決定稿）に準じた内容。

③

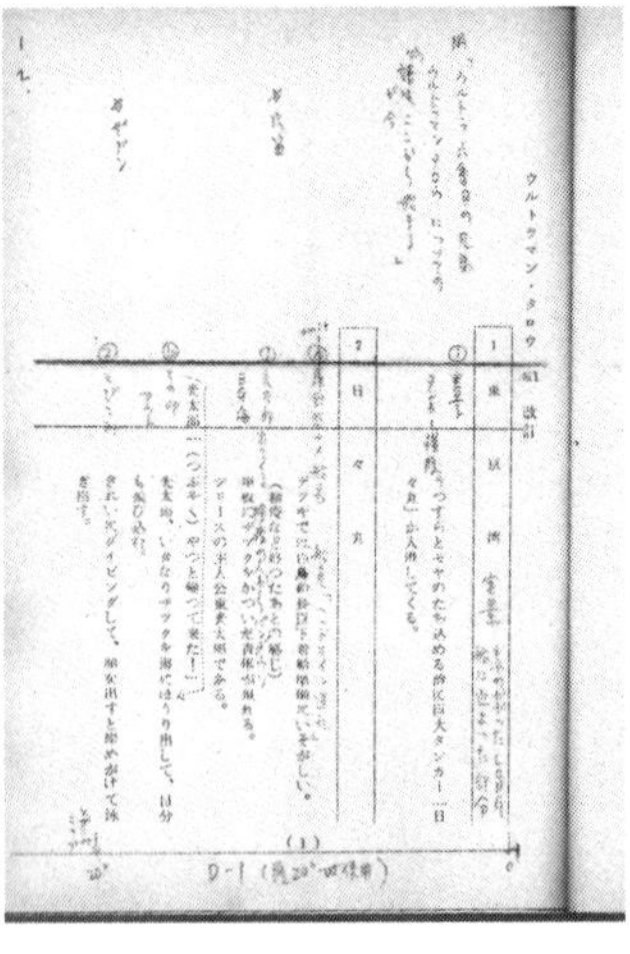

第１話決定稿より。オープニングナレーションが書き込まれている。

④

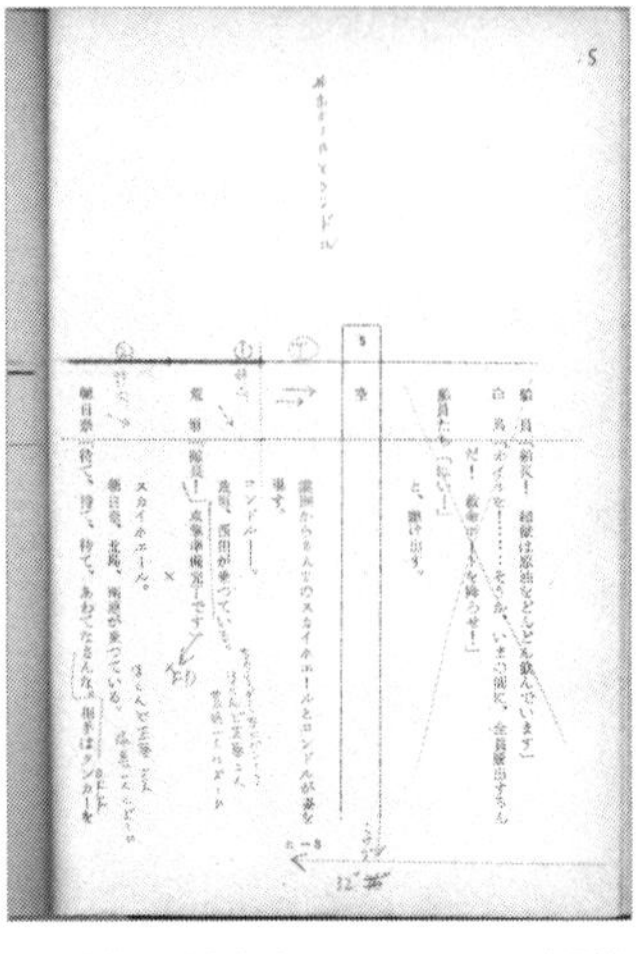

同じく第１話決定稿より。シーン４は撮影前にカットされた。

# プロローグ
# 一九七三年
# 二月九日金曜日朝

## 円谷プロ創立十周年

一九七一（昭和四六）年四月二日、経営難に苦しむ円谷プロにとって、待ちに待った日がやって来た。この日の夜七時、『帰ってきたウルトラマン』の放送が始まったのである。前作『ウルトラセブン』の終了が六八年九月八日（注一）、およそ二年半ぶりのシリーズ再開であった。

この間の円谷プロは、波乱の時期だったと言っていいだろう。『ウルトラセブン』の後番組『怪奇大作戦』は、高い完成度とは裏腹に、『ウルトラQ』『ウルトラマン』『ウルトラセブン』ほどの視聴率を上げられず、六九年三月九日、延長なしの二クール二六本で終了、TBSからの番組発注が途絶えてしまう（注二）。

『怪奇大作戦』に先立ち、フジテレビ系列で六八年四月六日から、民放初の一千万ドラマとして鳴り物入りで放送された特撮メカアクション『マイティジャック』は、平均視聴率が八・三％と低迷、二クールの放送予定が、半分の一クール十三本に短縮されてしまったことも痛手だった（注三）。

円谷プロは、社長であり特撮の神様と言われた円谷英二の下、作品の完成度にこだわった妥協のない制作姿勢を貫いていた。そのため予算がかさみ、作品を作るたびに赤字が生まれるという負のスパイラルに陥っていた。『マイティジャック』は赤字解消の切り札とされていたが、結果は吉と出なかったのだ。

（注一）放送開始は六七年十月一日。

（注二）『怪奇大作戦』放送開始は六八年九月十五日。『ウルトラQ』六六年一月二日〜七月三日。『ウルトラマン』六六年七月十七日〜六七年四月九日。

（注三）放送終了は六月二九日。その後、三〇分の『戦え！マイティジャック』に設定を変更して、二六本放送された（六八年七月六日〜十二月二八日）。ただ土曜夜のこの時間帯は、裏で大ヒットアニ会社再建策の一環として親会社の東宝は円谷プロ株式の六〇％を取得、完全子会社化するとともに、社名を円谷特技プロダクションから現在の円谷プロダクションに変更、組織の再編と人員の大幅な削減を行った。

当時円谷プロでは約一五〇人が働いていたというが（そのほとんどがテレビ映画制作スタッフだった）、一気に四〇人まで削減し、営業部を新設した。同時にそれまで同社の企画を担当していた企画文芸室は廃止され室長の金城哲夫以下、上原正三、宮崎英明（赤井鬼介）らは、六八年十二月十二日に新設されたプロデューサー室へ異動となった。室長は円谷英二の下で特撮カメラマンを務め、のち特技監督に昇進した有川貞昌、プロデューサーには、当時『怪奇大作戦』を担当していた守田康司以下、野口光一、金城哲夫、宮崎英明、上原正三、新野悟、熊谷健、郷喜久子というメンバーだった。

しかし企画、脚本畑の金城、上原、宮崎にとって、プロデューサー室は居心地のいい部署ではなかったようだ。翌六九年一月には宮崎が、二月には上原と金城が相次いで退社している。金城は『ウルトラQ』『ウルトラマン』『ウルトラセブン』のメインライターで、円谷プロの頭脳と言うべき存在だった。金城が〝第一話〟を執筆した最後の作品となった『怪奇大作戦』（注四）の放送が終了する直前、この天才的脚本家は、失意のまま故郷の沖縄へ旅立って行った。

企画文芸室の三本柱を失った六九年、円谷プロは、後楽園ゆうえんちのイベント映像（注五）、『孤独のメス』（注六）のオープニング、フジテレビの放送開始時（局名告知）の映像制作な

メ『巨人の星』（六八年三月三〇日～七一年九月十八日、日本テレビ系列）が放送されていたため、視聴率は低迷した。

（注四）
円谷一監督「人喰い蛾」（放送第二話）のこと。このエピソードは第一話として制作されたが、円谷英二からリテイクの指示が出たため、スケジュールの関係で、第二話として制作された飯島敏宏監督、上原正三脚本の「壁ぬけ男」と入れ替えられた。

（注五）
タイトルは『ウルトラマン・ウルトラセブンモーレツ大怪獣戦』。後楽園ゆうえんち（文京区）に常設されていた三六〇度映写館で上映された。脚本構成は大伴昌司、監督は佐川和夫。

（注六）
六九年五月五日～八月十一日。

どで糊口をしのいでいた。『孤独のメス』は、英二の長男で、当時TBSで編成局映画部副部長だった円谷一《はじめ》がプロデューサーを務めていた番組。フジテレビは英二の次男、円谷皐《のぼる》の古巣である（注七）。皐は前年暮れの役員人事で円谷プロ専務に就任し、会社機構の改革に奔走していた。

七月にはフジテレビから一時間もの新番組の発注があり、円谷プロにとって久しぶりの明るい話題となった。今ではカルト的な人気を誇る『恐怖劇場アンバランス』（注八）である。

しかしこの年、衝撃が円谷プロを襲う。英二の体調悪化である。英二は糖尿病と高血圧を患っていたが、心臓肥大の傾向も見られるようになって来た。この時六八歳、当時の基準では十分に高齢者である（注九）。しかし仕事は相変わらずハードで、日米合作の『緯度0大作戦』や〝八・一五シリーズ〟の『日本海大海戦』の特技監督を務め（注十）、翌七〇年の大阪万博、三菱未来館のイベント映像も監督していた（注十一）。八月、英二はロケの途上、大阪で心臓発作を起こしてしまう。それでも無理をして鳴門まで出かけたが、渦潮の撮影途中でまた発作を起こし無念の帰京となる（注十二）。円谷一は、父の健康悪化という緊急事態に、十一月三〇日付で十四年間勤めたTBSを退社、円谷プロの専務取締役に就く。英二の健康は回復せず、七〇年一月、療養中の伊豆浮山（伊東市）の別荘で、気管支喘息の発作に伴う狭心症により死去する。

父の死により、円谷プロの二代目代表に就任した一は会社再建に乗り出す。その切り札が〝ウルトラマン〟の復活だった（注十三）。企画にGOサインが出たのは七〇年十一月。そして

（注七）
『マイティジャック』放送開始直前の六八年三月まで社員だった。

（注八）
七三年一月八日〜四月二日。スポンサーがつきにくいなどの理由からお蔵入りとなり、深夜枠でようやく日の目を見た。

（注九）
六九年当時、日本人の平均寿命は男が六九・一八歳、女が七四・六七歳だった。

（注十）
『緯度0大作戦』監督・本多猪四郎。〝八・一五シリーズ〟は、東宝の戦争映画シリーズ。『日本のいちばん長い日』（六七年、監督・岡本喜八）から『海軍特別年少兵』（七二年、監督・今井正）までの全六作。『日本海大海戦』監督・丸山誠治。

（注十一）
ホリ・ミラー・スク

翌七一年四月、ウルトラマンは奇跡の復活を遂げたのである。

『帰ってきたウルトラマン』の初期エピソードは、主人公と隊員達が対立する展開や、（予算削減のため）ウルトラマンと怪獣の戦いを山野に限定したことなどによって視聴者に敬遠され、視聴率は伸び悩んだ。しかし路線変更してエンターテインメント性を強化したことが功を奏し、九月に入って視聴率が回復する。そして同年四月三日放送開始の『仮面ライダー』とともにいわゆる〝第二次怪獣ブーム（変身ブーム）〟を巻き起こした。

勢いに乗る円谷プロは、ウルトラ以外では同社初の巨大ヒーローとなる『ミラーマン』を制作、黄金時代の勢いを取り戻す。そして七二年、円谷プロ創立十周年（七三年）に向けて、様々なプロジェクトを始動するのである。

## 怪獣大奮戦 ダイゴロウ対ゴリアス

十周年記念作品の第一弾となるのが、円谷プロとして初の新作劇場映画『怪獣大奮戦 ダイゴロウ対ゴリアス』である。監督は『ウルトラQ』から『怪奇大作戦』まで、数々の傑作を生み出した飯島敏宏で、千束北男のペンネームで脚本も担当していた。

円谷一から十周年記念作品の依頼があった時、飯島は驚いた。というのもこの頃、飯島はTBSから木下恵介プロダクション（注一）に役員として出向していたからだ。同社は日本映

リーンのこと。「このスクリーンは、多面スクリーンとマジックミラーの併用により、部屋全体を継ぎ目のない立体スクリーンに変えて、あなたを画面の中へ溶け込ませるほどの、迫真力を持っています」（三菱未来館のパンフレットより）

（注十二）
円谷英二の日記より。拙著『「怪奇大作戦」の挑戦』に掲載。

（注十三）
最初期の企画書は『特撮怪獣シリーズ 続ウルトラマン』で、六九年四月二八日に印刷された。

（注一）
六四年発足。その後、木下プロ、ドリマックス・テレビジョンを経て、ＴＢＳビジョンなど十社とともに、ＴＢＳスパークルに吸収合併、二〇一九（平成三一）年一月一日に解散。

画の巨匠、木下恵介が社長を務めるテレビ番組制作会社で、当時『木下恵介アワー』『木下恵介・人間の歌シリーズ』（注二）という二本の枠を持ち〝ドラマのＴＢＳ〟の一翼を担っていた。飯島は後者のプロデューサーを務め、時には演出も手がけていたのだ。

飯島と円谷プロの関係は深い。ＴＢＳ時代、飯島は円谷一と同じ映画部所属だった。また脚本家としても秀でていたので（元々脚本家志望だった）、一はことあるごとに脚本を発注していた。円谷一は、初めて『ウルトラＱ』の脚本を飯島に依頼する時（第一話「ゴメスを倒せ！」）、「ゴメスという名前の怪獣で一本書いて」と伝えただけで、内容に関しては全くのお任せだったという。

拙著『円谷一　ウルトラＱと〝テレビ映画〟の時代』で、飯島は以下のように証言している。

飯島　以前から円谷プロで映画やりたい、というのはあったよね。その頃僕は木下恵介プロにいたから成り立ちはあまり知らずに、いきなり「10周年記念映画撮ってくれる？」って来たんだよね。それで「脚本もやっぱり書いて」という話で嬉しくなっちゃってね。例によって細かい話はなかったけど。

こうして千束北男こと飯島が書き上げた脚本が『大奮戦　―ダイゴロウ対ゴリアス―』で、表紙には「円谷プロの現代童話」と印刷されている。これが『怪獣大奮戦　ダイゴロウ対ゴリアス』となる。準備稿の印刷は七一年六月十六日、つまり『帰ってきたウルトラマン』放

（注二）
『木下恵介アワー』六四年十月二七日～七四年九月二五日。『木下恵介・人間の歌シリーズ』七〇年四月十六日～七七年三月三一日。

送開始の翌々月である。十周年記念としては早すぎるタイミングなので、当初はそのための企画ではなかった可能性がある。準備稿のスタッフ欄には〝プロデューサー・円谷一、脚本・千束北男〟のみが記されており、監督名は空欄のままだ。準備稿の段階では、円谷一は監督に別の人物を想定していたのだろう。飯島の立場（木下プロのプロデューサー）を考慮し、監督までは無理だと考えていたのではないだろうか。

しかし翌七二年四月四日に印刷された決定稿では、監督が飯島敏宏になっている（注三）。飯島の証言とは逆だが、最初に脚本を依頼され、準備稿の後で「監督もやっぱりお願い」と依頼されたという事情だったかもしれない。

決定稿印刷の時点で『人間の歌シリーズ』は、第六作『春の嵐』が放送中で、次回作『地の果てまで』の準備が大詰めだった（注四）。脚本だけならともかく、監督も担当するとなると、少なくとも三ヶ月は離れなければならない。普通なら断るところだろうが、やはり劇場用映画という魅力には抗えなかったのか、飯島は引き受ける決心を固める。次も拙著からの引用で、『飯島敏宏「ウルトラマン」から「金曜日の妻たちへ」』より、飯島の証言である。

飯島　映画を撮ることになったので、お休みを下さい、とお伺いを立てたんですよ。すると木下さん（引用者注・木下惠介）、ちょっと険しい顔になって、やはり映画を撮りたい人ですからね。「どこで撮るんですか？ その映画」と聞かれたから「東宝です」と言ったら顔色が凄く変わった。困ったな、と思いつつホン（引用者注・脚本）を置いてその場は帰ったん

（注三）決定稿の後に、最終決定稿（四月十九日印刷）がある。準備稿からアフレコ台本まで、映画のタイトルは『大奮戦―ダイゴロウ対ゴリアス―』である。なお、決定稿ではオジサンに牟田悌三、八五郎に犬塚弘、役人の鈴木に渡辺文雄が予定されていた。

（注四）『春の嵐』七一年十二月十六日～七二年四月十三日。『地の果てまで』七二年四月二〇日～七月二七日。

です。でも翌日に電話をしたら態度が全然違う。「怪獣なんか撮るの？　君って変な人だねえ」って。木下さんにしてみれば、怪獣ものなんて撮る奴が、自分のプロダクションでプロデューサーをやっているなんて考えられないことなんです。だから〝変な人〟ですよ。これが木下調のドラマだったら、僕はクビですよ。それで半年分の脚本、『地の果てまで』と『白い夏』(注五)を用意して、三カ月で帰る、と言って留守にしたんです。結局五カ月かかってしまったけどね。

(注五)
『白い夏』七二年八月三日〜十一月三〇日。

飯島が「映画を撮る」と言った時、木下の顔色が変わったというくだりについては、補足が必要だろう。戦後、巨匠として黒澤明、今井正とともに日本映画の黄金時代を築いた木下だったが、六〇年代、映画界がテレビに押されて斜陽の時代を迎えると次第に存在感を失う。七二年時点では、六七年の『なつかしき笛や太鼓』(注六)が最後の監督作品だった。一方、テレビ界では大成功を収めていたわけだから、心中複雑だっただろう。

こうして飯島は〝古巣〟の円谷プロで劇場用映画を撮ることになったが、その間、木下プロ作品のプロデューサーを引き受けたのは、演出家としてTBSから出向していた鈴木利正だった。円谷一とはTBSで同期の盟友である（入社当時はKRT）。「ツブちゃん（円谷一の渾名）に頼まれて映画を撮ることになった。後は引き受けてくれ」と飯島に頼まれたなら、否とは言わなかっただろう。演出家としての手腕も確かで、『東京見物』で第二〇回芸術祭奨励賞、『人間の歌シリーズ』第一作『冬の旅』では第三回テレビ大賞、第八回放送批評家

(注六)
東宝創立三五周年記念映画。『香華』(六四年)の後、松竹を退社した木下が初めて東宝と組み、三年ぶりに監督した。

賞（ギャラクシー賞）、第十三回期間奨励賞を受賞している（注七）。

なお、飯島は七二年の秋から『木下恵介アワー』のプロデューサーも務めることになる（注八）。今から振り返ると、飯島が劇場用映画を撮れるタイミングは、この時期（七二年の春から夏）を逃せば他になかった。

飯島は、円谷プロ最初の劇映画なので、本当は円谷一が撮りたかったのではないかと証言している。しかし立場上それが出来なかったので、自分に監督を任せたのではないかと（注九）。

我が国では珍しい、ハートウォーミングな怪獣コメディ『怪獣大奮戦　ダイゴロウ対ゴリアス』は以下のような内容である。原子力潜水艦の事故で太古より長い眠りについていた怪獣（ダイゴロウの母）が目を覚ました。東京湾から上陸した怪獣は自衛隊の大型ミサイルで退治されるが、死の前に赤ちゃんを出産していた。

赤ちゃん怪獣はダイゴロウと名付けられ、飼育員の斉藤（小坂一也）らの手によって、孤島で飼育されることになった。しかし成長期に入ったダイゴロウはみるみる大きくなり、餌代もかさむ一方だった。そこでアンチグロウという、成長を止める薬を飲ませることになったが、大工の鬼沢熊五郎（三波伸介）、左官の八五郎（三角八朗）、発明家のオジサン（犬塚弘）らは一念発起、ダイゴロウの餌代を稼ぐためにあの手この手を繰り出す。

そんな時、宇宙から大星獣ゴリアスが飛来、京浜工業地帯を襲う。厄介者の腹ぺこ怪獣ダイゴロウは、ゴリアスを倒すため大奮戦することになる。

この映画には飯島の作家としての特質がよく表れている。熊五郎や八五郎が住む世界は、

（注七）
『東京見物』六五年十一月二八日放送。『冬の旅』七〇年四月十六日～七月九日。

（注八）
第十一作『おやじ山脈』（七二年十月三日～七三年三月二七日）。

（注九）
『飯島敏宏「ウルトラマン」から「金曜日の妻たちへ」』より（続く段落の『ぼくの伯父さん』以下も同様）。

飯島が監督した渥美清主演の『泣いてたまるか』（注十）第十二話「子はかすがい」に通じる。発明家のオジサンはジャック・タチ監督の『ぼくの伯父さん』（五八年）がイメージにあるという。ドラマは下町とダイゴロウのいる怪獣世界を並行して描き、やがて両者が交わっていく。この構成は、アメリカの作家ウィリアム・フォークナーの『野生の棕櫚』の影響があると飯島は語っている。また、ゴリアスの大きな腕は喜劇王、榎本健一が主演した『エノケンの拳闘狂一代記』（四九年、監督・渡辺邦男、新東宝）で、ボクサー役のエノケンのグローブが巨大だったことをイメージしているという。ウィリアム・フォークナーからエノケンまでつなげてしまうところが、いかにも飯島らしい。また、巨大な怪獣に小さな怪獣が挑む図式は「ゴメスを倒せ！」を踏襲している。

飯島　三波さんの役柄に関しては、脚本段階では『泣いてたまるか』の渥美さんを思い浮かべて書いています。もちろん、渥美さんと三波さんの芸風は違うんですが、現場でパッとアドリブを入れたりして、大工の熊さんという役を三波さん流にアレンジして表現してくれました。面白いのはあの人、高所恐怖症なんです。あのときは、中野サンプラザが建築中でそこでロケをしたんですが、三波さん、怖がって工事用のエレベーターに乗ろうとしない。仕方ないから「僕も高所恐怖症だけれども、さっき乗って大丈夫だったから」と言ったんですが、「目方が違う！」って。そのくせ、木材を担いで歩くところなんか、わざとよろけてみせる。役者だよね。犬塚さんは運動神経のいい人でね。こんなことできま

（注十）
六六年四月十七日～六八年三月三一日。「子はかすがい」の脚本は山田洋次。

（注十一）
『クレージーのぶちゃむくれ大発見』（六九年、監督・古澤憲吾）

すか？って聞くと「大丈夫です」と言ってやってしまう。「監督、僕、前に出た映画で、観覧車に置き去りにされたことがあるんです」なんてこと平気で言うんですよ（注十一）。

（『飯島敏宏「ウルトラマン」から「金曜日の妻たちへ」』より）

飯島をサポートするため、本作には円谷プロオールスターと言うべきスタッフが集結した。製作・円谷一、音楽・冬木透、撮影・稲垣涌三《ようぞう》、美術・池谷《いけや》仙克《のりよし》、照明・新井盛、監督助手・山本正孝、視覚効果・飯塚定雄、特殊技術・大木淳、中野稔らである。

六八年暮れの時点で一億円の借金（注十二）があった円谷プロにとって、劇場用新作映画の製作はリスクが高かったはずだ。しかし円谷一にとって、創立十周年を記念する〝打ち上げ花火〟が必要だったのだろう。会社の経営に関しては、『帰ってきたウルトラマン』『ミラーマン』『ウルトラマンA《エース》』、各作品のマーチャンダイジングが見込めるということで、あえて賭けに出たのかもしれない。

飯島　予算のことはだいぶ（引用者注・円谷一から）言われましたよ。でもどこに金かかってるのかよくわからなかったけどね（注十三）。やっぱり彼には〝もの〟を作る姿勢があるから、彼のところに行けば、何か〝もの〟を作らせてくれるだろう、という雰囲気がありました。自分がシャイだってこともあるけど、人に対して規制しないんだよね。例えば「ゴメスを倒せ！」の脚本発注にしたって、大ざっぱに言うだけだから。受けるほうとしては、きめ

のこと。クレージーキャッツの〝作戦シリーズ〟第十二作。

（注十二）
金城哲夫が記した同年十二月十二日の企画課ノートより。

（注十三）
『ウルトラ特撮PERFECT MOOK vol.10 ウルトラマンA』（講談社刊）所収の「ウルトラ特別企画vol.10 円谷プロ作品新紀行」によると、直接製作費は一億四千万円。ちなみに六八年の『怪獣総進撃』（監督・本多猪四郎、特技監督・有川貞昌）は一億五三〇〇万。〝東宝チャンピオンまつり〟になってからの新作ゴジラの製作費は全盛期の三分の一程度だったと言われ、一本当たり五千万程度だったと試算出来る。したがってこの時代の特撮映画としては、実際にかなり予算をかけた作品だったことがわかる。

細かく言われると嫌になってしまうでしょう。名プレイヤー必ずしも名監督にならず、というように、名プレイヤーだとつい（他人を）規制して、自分の型にはめて色づけようとするじゃない。でも円谷プロデュースのときはそれが一切ない。これは嬉しい。『ダイゴロウ対ゴリアス』のときも、本当にフリーにやらしてくれて嬉しかった。そういうのじゃないといいものはできないよ。宮崎駿だってそうじゃない。（『円谷一 ウルトラQと〝テレビ映画〟の時代』より）

ダイゴロウ（赤ん坊、成獣タイプ）、ダイゴロウの母、ゴリアスの造型は、いわゆる第一期ウルトラシリーズで多くの名怪獣を生み出した高山良策が担当することになった。おそらく、高山造型を気に入っていた池谷仙克のこだわりであろう。池谷は『帰ってきたウルトラマン』でも、自身がデザインしたグドン、ツインテール、ステゴンの造型を高山に依頼している。この時期高山は、やはり池谷のデザインで『シルバー仮面』（注十四）を担当している。『宇宙船』（朝日ソノラマ刊）十八、十九号の「高山良策怪獣製作日記」によると、高山の工房アトリエ・メイに池谷が怪獣デザインを持参したのは七二年四月二一日のことで〝午後、池谷氏来宅。円谷プロの劇映画「大奮戦」に登場する怪獣デザイン5枚持参〟とある。四月二三日からは怪獣の雛形製作に入り、五月二日に完成。翌三日に円谷プロで打ち合わせが行われている。全ての造型物の納品が終わったのは七月十二日で、〝午後、円谷プロ、ゴリアス角、ダイゴロウヒゲ6本、ダイゴロウ母親引き渡す〟とある。

（注十四）七一年十一月二八日～七二年五月二一日。

ところで本作は、シネスコが映画の大半を占めていた時代、あえてスタンダードサイズで撮影されている（注十五）。

飯島　つまりね、テレビで助手から入って一人前になっていった人達でしょう。撮影の稲垣（涌三）だって、美術の池チャン（池谷仙克）だって、特撮の大木ちゃん（引用者注・大木淳）だって、合成の中野（稔）だってね。それが今度は本編（映画）で勝負ということで張り切ってくれたんです。だからこの映画はシネスコじゃなくてスタンダードサイズなんですよ。あれは中野や稲垣、技術陣に押し切られた。「監督、シネスコで合成をするとずれまくって見られたもんじゃないです！」って。これは合成カットが多いでしょう。今はデジタルですからそういうことはないんですが、当時は大変だった。ですから今観ても素晴らしい出来ですよ。大木ちゃんの特撮もよかった。だから条件を呑んだけれども、映画館で観たら、メインのゴジラが終わったら、スクリーンが狭くなってきてこっちのが始まる。あれは寂しかったな。でもね、子供達は一生懸命見てくれた。普通、ドラマのところなんかガヤガヤ騒がしいんだけど、シーンと静まりかえったからね。（『飯島敏宏「ウルトラマン」から「金曜日の妻たちへ」』より）

こうして完成した『怪獣大奮戦　ダイゴロウ対ゴリアス』は、東宝チャンピオンまつりの一本として、『ゴジラ電撃大作戦』『パンダコパンダ』（注十六）と三本立てで、七二年十二月

（注十五）シネマスコープ（シネスコ）は画面の縦横比が一対二・三五、スタンダードサイズは一対一・三七五で前者が横長である。

（注十六）『ゴジラ電撃大作戦』は、『怪獣総進撃』の改題短縮版。『パンダコパンダ』演出・高畑勲。脚本は宮崎駿である。

十七日に公開された。

飯島　はたして最初からツブちゃんが3本立ての1本でって考えてたのかなぁ？　けっこう尺数があるからね。ただ当時、集客ということになるというとゴジラですからね。『ダイゴロウ〜』はかなり贅沢してるんだけど、あまり残らない作品になってしまって残念だよね。（『円谷一　ウルトラQと〝テレビ映画〟の時代』より）

## 炎の男

『ファイヤーマン』は、七三年一月七日から日本テレビ系列で放送が始まった。初期のアバンタイトルには、吹き上がるマグマをイメージしたようなバックに、ファイヤーマンのタイトルロゴが出た後、その上に〝円谷プロ創立十周年記念番組〟と現れる。十周年記念作は『怪獣大奮戦　ダイゴロウ対ゴリアス』『ファイヤーマン』『ジャンボーグA《エース》』そして『ウルトラマンタロウ』ということになっているが、画面にクレジットされるのは『怪獣大奮戦　ダイゴロウ対ゴリアス』と『ファイヤーマン』のみだ（注一）。

ファイヤーマンの正体は、地底人ミサキーだ。彼は、今から一万一五〇〇年前、海中に没したアバン大陸の民の末裔である。アバン大陸の民は地底人となり、独自の文化や科学を発

（注一）
『ジャンボーグA』『ウルトラマンタロウ』も、脚本の表紙には〝創立十周年〟と印刷されている。

展させたのだ。

ミサキーは、地球の危機を知った長老達からファイヤースティックを与えられ、ファイヤーマンに変身する能力を持っている。そして岬大介と名乗り、新たに組織された地球科学特捜隊S・A・Fの一員となる。甦った原始怪獣や地球侵略を狙う宇宙人から地球を守るため、ファイヤーマンとなって戦うのだ。

『ファイヤーマン』は、こうしたフォーマットの特撮ヒーロー番組だった。では本作はどのように誕生したのだろうか？　話は日本テレビ、広告代理店の萬年社（注二）、そして東宝が七二年秋の放送を目指していた、ある番組に移る。

萬年社のテレビ制作部長、衛藤公彦は、『月光仮面』の川内康範原作『愛の戦士レインボーマン』という企画を東宝に提案する。衛藤は『月光仮面』のアニメ版リメイク『正義を愛する者　月光仮面』（注三）プロデューサーであり、その関係で生まれた企画だったようだ（注四）。

この年、第二次怪獣ブームは絶頂期を迎え、テレビ、映画は特撮ものが目白押しだった。円谷英二以来、東宝のお家芸である特撮を駆使したテレビ映画の企画が生まれたのは当然と言える。だが一つ問題が生じた。それは〝レインボーマン〟という番組タイトルである。

この頃円谷プロは、各放送局に様々な特撮番組の企画を売り込んでいた。その一つに『虹の勇者　レインボーファイター』という企画があった。特殊装備をまとった七人の若者が、七台の虹色のオートバイに乗って、次々と巻き起こる事件に挑むという内容の特撮アクションである。この企画と同時に円谷プロは〝レインボー〟と付く番組タイトルをいくつか商標

（注二）
一八九〇（明治二三）年創業の、日本最古の広告代理店。一九九九年、自己破産を申請して倒産。

（注三）
七二年一月十日～十月二日、日本テレビ系列。制作はナックと萬年社。

（注四）
『愛の戦士レインボーマン』DVD VOL.2の映像特典で衛藤は、川内康範とは大変に気が合ったと証言している。また川内も、東宝やその派生会社である新東宝に脚本や原作を提供しており、東宝が制作プロダクションとなることに異論はなかったようだ。

登録していたが、その中に〝レインボーマン〟があったのだ。このままでは萬年社は〝レインボーマン〟というタイトルを使えない。そこで衛藤は円谷プロに使用許可を求めたのだ。『ウルトラ特撮 PERFECT MOOK vol.35 ファイヤーマン』（講談社刊）によると、時期は七二年の春だったようだ。

円谷一は、譲渡問題を弟の粲《あきら》（円谷英二の三男）に担当させることにしたが、交渉の際、ある条件を伝えた。「タイトルを譲る代わりに、番組枠を一つ貰って来い」と。円谷粲はこの時期、TBS系列で放送された十分の帯番組『トリプルファイター』（注五）のプロデューサーだった。

衛藤と粲の交渉の結果、〝レインボーマン〟のタイトルが譲渡され、『愛の戦士レインボーマン』は七二年十月六日にスタート、東宝初の特撮変身ヒーローものとなった。

そして同年夏、萬年社から円谷プロに新番組の発注があった。粲は早速企画書作りに取りかかり、一説では一晩で『ファイヤーマン』の企画書を書き上げたという。

表紙に『本格怪獣TV映画企画案 ファイヤーマン』と印刷された企画書の内容を紹介しよう。表紙をめくると、まず以下の文言が飛び込んで来る。

地殻の外で赤く燃えるマグマ。
マグマの国で、炎と燃える男。
ファイヤーマン！

（注五）七二年七月三日〜十二月二九日。毎週月曜日から金曜日の十七時三〇分放送。

今や大ピンチの地球は、地底人と人間が力を合わせ守らねばならぬ——
地球で一番強い男——
それが——
ファイヤーマン!!

---

放送形式として、希望時間帯は〝午後七時~八時　うち三〇分〟、視聴対象は〝小学校低学年児童を対象とする家庭一般〟とある。そして企画意図が続く。

---

「ファイヤーマン」は地球人ですが人間ではありません。地底に住む、地底人なのです。けれど地球の中心にも地上と全く同じ世界があり、地上の人間と同じ形をした地底人が住んでいるという設定です。

このシリーズは、地底人「ファイヤーマン」を主人公とするヒーローキャラクターものの新シリーズであります。

現在、お茶の間のゴールデンタイムには変身もの、怪獣ものがひしめいています。

そして、それらの間隙を縫って新しい変身もの、怪獣ものが登場してきています。しかし、それ等のすべてが本格的に作られているとは限りません。

このままでは、こども達も変身、怪獣にあきてしまうのは時間の問題であります。怪獣ものは短期間に現在のように普遍的なもの（スタンダードナンバー）になったわけではありません。そこには特殊技術等の大変な努力があったのです。ですから昨今のように亜流ともいわれる同種番組が増加することは、作品の質の低下にもつながる問題でもあります。

ですから私たちは、もう一度、特撮怪獣番組の「原点」に還って考えてみたいと思うのです。

かつて、円谷プロで製作したシリーズに「怪獣ものとしては、これ以上のパターンは生まれてこないであろう。」といわれ、空前の視聴率（平均37・5％）（原文ママ・現在一般に知られるビデオリサーチ社の数字とは異なる）を獲得した番組があります。

それが、変身、怪獣映画の先鞭となった「ウルトラマン」であります。

その「ウルトラマン」をもう一度分析してみますと、――

①ストーリーが単純明快で面白い。

②画面構成・あるいは素材の展開がエンターテイメントに徹していたこと。

③怪獣が本格的な物であったこと。

があげられます。そして、もう一つの大きな要素は、テーマが大変に今日的なものであったことがあげられます。テレビはいうに及ばず、テーマが今日的ではないことは致命的であります。

このように企画書は、まず同種の特撮番組の氾濫に警鐘を鳴らしている。そして作品の質の低下を回避するため〝原点〟の『ウルトラマン』に立ち返る必要があると謳う。『ウルトラマン』に関する分析は的を射ており鋭い。続いて〝今日的なテーマ〟について触れるが、それは人類が月に行く時代にも残る〝未知〟の部分だという。

---

未知の部分、世界とは、地底と海底であります。

一九七五年三月には沖縄において海洋博覧会が行われ、また地球の2／3を占める海は私たち人間の食料庫であり、鉱物資源の宝庫でもあります。

また地底については私たち人類はまだまだ未知であります。

---

そして『ファイヤーマン』は、それまで難しいと敬遠されていた海と地底の特撮に挑戦し、科学でも解明できない神秘をストーリー作りの中心にするという。登場するのは〝怪奇人間、改造人間、改造怪獣、変身人間〟ではなく〝本格派原始怪獣であり、恐竜であり、宇宙人〟であると説明する。つまり同種作品の敵キャラクターとの差別化を図りつつ〝原点〟に立ち返るという『ファイヤーマン』の特徴を繰り返し伝えている。

企画意図は、以下の文言で締めくくられる。

---

神秘！　常に舞台は神秘性のある所です。このあたりが現在、巷にあふれている変身、怪獣ものとはちょっと異なっている部分です。そして、これを単純明快に、電気紙芝居的に描いた企画、それが「ファイヤーマン」なのです。

---

――ロマンとファンタジーの世界に、颯爽と登場する「ファイヤーマン」は必ずや、子供達から大人達までをとらえて離さない新しいテレビ番組となりましょう。

円谷粲がこれまでプロデュースして来たのは、前記『トリプルファイター』や『チビラくん』（注六）といった低予算の帯番組であり、三〇分枠の本格的特撮番組は初めてだった。そのせいか、企画書の筆致からは並々ならぬ熱意が伝わって来る。『ファイヤーマン』の企画書は三冊の現存が確認されているが、内容的に大きな違いはない。それは萬年社にとっても、放送局の日本テレビにとっても、最初から満足のいく企画内容だったということだろう。

企画書の段階で番組のアウトラインはほぼ固まっていて、ファイヤーマンの能力、防衛組織S・A・F（Scientific Attack Force）の設定、登場人物がそのまま完成作品に活かされている（注七）。

S・A・F隊員の構成は以下の通りである。海野軍八隊長（睦五郎）、海洋学及び生物学博士。水島三郎副隊長（岸田森）、元宇宙開発センターの研究室長で、宇宙工学の第一人者。千葉太（平泉征、現・平泉成）、工学博士、シーマリン号、マリンゴン、モグリアンの設計者。葉山マリ子（栗原啓子）、コンピューターのプログラマー。そして岬大介（誠直也）。

キャスティングは円谷粲が主導し、岸田森を中心に固めていったという。誠直也と栗原啓子はともに新人で、栗原は本作が役者デビューだった。『ウルトラ特撮 PERFECT MOOK vol.35 ファイヤーマン』の平泉成インタビューによると、誠直也の面倒を見ていたのが岸田

（注六）
七〇年三月三〇日～七一年九月二五日、日本テレビ系列。

（注七）
ただしS・A・Fは、第一、二話決定稿まで、サイエンスアタックファイブの略称である。したがって今回採録した企画書は、決定稿の後に作成された後期のものだ。

森で、アフレコの際、つい出てしまう訛りを直したりしていたそうだ。

また初期段階で、企画書とは別に『ファイヤーマン（仮題）ストーリー集』が作られた。そこには第七話までのサンプルストーリーが載っている。以下、それぞれの内容を紹介しよう。

第一話「炎の男は地底から来た！」と第二話「日本アルプス・謎の海水湖」は前後編で、放送版と形式が同じである。変異、巨大化したエラスモザウルスが登場する。

第三話は、地球侵略を狙う宇宙人が海底火山を爆発させ、火山脈の奥深くに潜んでいた巨大怪獣が目覚める。このプロットのアイディアの一部が、放送版第三話「謎の宇宙船」、第四話「インベーダーを撃滅せよ」に利用されている。

第四話では、白亜紀のイクティオルニスが巨大化した怪鳥が現れ、千葉が操縦する戦闘機マリンブルと空中戦を繰り広げる。

第五話は、岬とマリ子の爽やかな感情の交流を描きつつ、地殻大変動の危機に立ち向かうS・A・Fとファイヤーマンの活躍を描く。登場怪獣は記されていない。

第六話「生きていた謎の大陸ムー」は〝生きていた伝説の大陸〟（サンプルストーリーの表現）に生息していた原始怪獣とファイヤーマンの戦いを描く。

第七話「ジュラ紀の声を聞いた少年」は、第五話「ジュラ紀へ落ちた少年」として制作された。

これらのサンプルストーリーを読む限り、企画書で謳った通り〝未知〟〝神秘〟をテーマにしたエンターテインメント性の高いドラマ作りを目指していたことがわかる。

## 制作準備進む

円谷粲入魂の企画書を基に、円谷プロでは『ファイヤーマン』の制作準備が進んでいった。第一、二話の準備稿、「ファイヤーマン誕生／GO!! サイエンス・アタック・ファイブ」の印刷が七二年九月二五日だから、当初から七三年一月放送開始を目指していたのだろう。『宇宙船』十九号の「高山良策怪獣製作日記」によると、特殊美術の池谷仙克から高山良策に『ファイヤーマン』に関する電話が入ったのは、この準備稿が印刷された翌二六日である。そして十月三日から二五日まで、ドリゴンとドリゴラスの造型作業が続いた。

高山に造型物発注の連絡があった時、『ファイヤーマン』の放送枠は決まっていなかった。しかし企画書に記された通り、夜七時から八時までの時間帯で日本テレビ、萬年社間の調整が進んでいたはずである。

一部の書物に、七三年四月放送を念頭に入れていたという記述があるが、それには疑問がある。というのも四月放送を目指していたとすると、準備稿の印刷と高山への造型物発注が早すぎるのだ。スケジュール的に考えて一月の第一週、あるいは第二週放送開始に向けての動きと考える方が自然だ（注一）。以下、脚本印刷日とクランクインの関係から検証してみよう。

（注一）
企画のごく初期の段階で、七三年四月スタートという話が出た可能性はある。

そこで参考にしたいのが、『ファイヤーマン』と同じく第一、二話と第三、四話がそれぞれ二本持ち（二話分同時に撮影すること）だった『帰ってきたウルトラマン』である。まずは準備稿と決定稿の印刷日を列記する。

上原正三執筆の第一話準備稿「不死鳥《フェニックス》の男」七一年一月十三日、同決定稿「まぼろしの一番星」一月二九日。第二話準備稿「タッコング大逆襲！」一月三〇日、同決定稿二月二日（注二）。『帰ってきたウルトラマン』のクランクインは二月六日で、第一話の放送が四月二日。つまり準備稿から約二ヶ月半、クランクインから約二ヶ月である。

一方『ファイヤーマン』のクランクインは七二年十月三〇日のようだ。高山良策の日記から考えてもその前後であることは間違いない。第一話の放送は七三年一月七日なので約二ヶ月前である。前述のように準備稿が上がったのが前年九月二五日なので、放送までの間隔は約三ヶ月で、いずれも『帰ってきたウルトラマン』とさほど変わらない。このことからも『ファイヤーマン』は、当初から一月スタート予定だったことがわかるだろう（注三）。

読者の中には、あるいは準備稿の時点で一月スタートが決定したのでは？と考える方がいるかもしれない。しかし、それはない。なぜなら一月スタートが正式に決定したのは、次章で述べるように十月に入ってからだからだ。

準備が順調に進む『ファイヤーマン』だが、第一、二話決定稿の後がやや停滞したようだ。以下、その経過について検証する。気になるのが、第三、四話の決定稿印刷と、高山への次の造型物発注時期である。残念ながら第一、二話決定稿「ファイヤーマン誕生／GO!! サイ

（注二）
放送タイトルはそれぞれ「怪獣総進撃」「タッコング大逆襲」。

（注三）
なお、『ファイヤーマン』に十日遅れて一月十七日に放送された『ジャンボーグA』の第一話準備稿「エメラルド星からの贈り物」の印刷は七二年十一月十日、同決定稿は十五日。第二話準備稿「兄がくれたチャンピョン・ベルト」は十一月十四日、同決定稿「大逆襲！アンチゴーネ」は十八日の印刷である（ともに山浦弘靖執筆）。

エンス・アタック・ファイブ」の印刷日は不明である。しかし準備稿と放送版の差異は少なく、脚本を担当した若槻文三ほどのベテランなら一日で直せるレベルで、決定稿は遅くとも九月末か十月の頭には完成していたと考えられる。しかし今村文人が担当した第三、四話の決定稿「謎の宇宙船」「インベーダーを撃滅せよ」が印刷されたのは十一月二日で、約一ヶ月経過している。

『宇宙船』一一〇号の「高山良策怪獣製作日記」によると、高山が第三、四話に登場するステゴラスの造型に入ったのは十一月十六日。ドリゴンの納品とドリゴラスの手直しを終えたのが十月二五日だから、やはり間が空いている。

放送枠は十月に決定していたから、第三、四話の脚本作成は急がなくてはならないはずだが、これはどういうことか？

以下は筆者の推測である。当初『ファイヤーマン』は、第三話から一話完結のスタイルという方針だったのではないだろうか？ つまり、『ファイヤーマン（仮題）ストーリー集』と同様のシリーズ構成だ。しかし何らかの理由、例えば制作費削減の問題があったのではないだろうか。企画書にある通り、『ファイヤーマン』の初期は水を使った特撮が目に付く。つまり通常よりも予算を食う。したがって第三、四話を前後編にし、セットプールを使うシチュエーションをまとめた方が効率的だという意見が出たのかもしれない。その方針が決定するまでが、言わば空白の一ヶ月ではないかと、筆者は推測する（注四）。

（注四）もちろん、この遅れによってその後の制作スケジュールは詰まったものになったはずである。

## 放送枠決定!

『ファイヤーマン』の放送枠は日本テレビ系列の日曜夜六時三〇分から七時までとなった。これは伝説のバラエティ番組『シャボン玉ホリデー』が、六一年六月四日から七二年十月一日まで放送されていた枠である。その後番組となったのが、同じく牛乳石鹸一社提供の『ぎんぎら! ボンボン!』だ。歌とコントとクイズで構成されたバラエティで、出演は人気作曲家の都倉俊一、GSブーム(注一)の頃のスター、ザ・ワイルドワンズの植田芳暁らによって結成されたZOO、そしてザ・ドリフターズの付き人だった志村健(後の志村けん)と井山淳がコンビを組んだマックボンボンが司会を担当した。マックボンボンは、この番組が本格デビューだった。

我が国のテレビ史にその名を残す『シャボン玉ホリデー』だが、放送が十一年にも及ぶと、往時とは別物と言えるほど変質し、視聴率は低迷していた。『シャボン玉ホリデー』の終了が決定したのは、おそらく七二年の夏頃だろう。その後番組に同種のバラエティというのは、視聴習慣から考えてオーソドックスな選択である。スポンサーや局の期待も大きかっただろう。

『ぎんぎら! ボンボン!』の放送開始は十月八日、しかし満足な視聴率を上げることが出来ず、開始早々、一クール十三本、年内(十二月三一日)での打ち切りが決まる。その後釜

(注一)GS(グループ・サウンズ)ブームは六七年から六九年にかけてと言われている。

に『ファイヤーマン』が入り込んだのだ。十月に入ってからの放送枠決定とはこういう事情である。しかし番組にとって不幸だったのは、裏が高視聴率を誇るアニメ『サザエさん』(注二)だったことだ。そこにあえて『ファイヤーマン』を持って来たのは、第二次怪獣ブームの絶頂期でもあり、円谷プロのブランド力に対する期待もあったのだろう。だが残念ながら結果は凶と出た。視聴率は期待を大きく裏切る六〜七％と低迷してしまうのである。

その後、同じく特撮ヒーローものの『サンダーマスク』(注三)終了とともに、第十三話「竜神沼の恐怖」以降は火曜夜七時からの枠で放送されたが、視聴率は低空飛行を続け、七月三一日、第三〇話「宇宙に消えたファイヤーマン」で終了した(注四)。

『ファイヤーマン』がヒットしなかった要因を検証してみよう。

まず、企画書で視聴対象年齢を〝小学校低学年児童〟、企画意図を〝単純明快に、電気紙芝居的に〟としながら、実際の内容は重くシリアスで、エンターテインメント性に乏しかったこと。そしてS・A・F隊員のうち三人までが科学者で、専門用語が多くなり、小学校低学年には難解であったことが挙げられる。

また、筆者個人の印象では、第一、二話そして第三、四話と冒頭から前後編が続いたこともマイナスに作用したと思う。当時の視聴者は一話完結のフォーマットに慣れていたので、筆者は本放送当時、ガッカリしたことを覚えている。また第三、四話は、ストーリーはハードなものの、二週にわたって目を惹きつける派手さに欠けた。このために『ファイヤーマン』は、スタートダッシュに失敗してしまったのではないか。

(注二)
六九年十月五日〜、フジテレビ系列。

(注三)
七二年十月三日〜七三年三月二七日、日本テレビ系列。

(注四)
筆者の故郷、秋田でもリアルタイムの放送だったが、放送枠変更は行われず、第十三話以降は、東京地方よりも先行放送となった。

しかし人気が低迷した最大の要因は、番組の要となる怪獣、宇宙人の問題だろう。特に怪獣達は、企画書の設定に縛られたせいか、全編を通じて恐竜タイプが多く、バラエティに欠けた。池谷仙克によるデザインも、ドラマ同様地味で、年少者を魅了する何かが欠落していた。この時期の同種作品の怪獣、怪人は派手な装飾をまとったものが多く、あえてシンプルに〝原点帰り〟ということだったのだろうが、それが裏目に出てしまったのではないだろうか。

とはいえ、『ファイヤーマン』個々のエピソードには興味深い佳作、秀作、異色作がいくつもある。地球空洞説を思わせる設定に、公害問題を絡めた第五話「ジュラ紀へ落ちた少年」、侵略ロボット、バランダーVを巡るS・A・Fとバランダ星人の攻防を描く、シリーズ屈指の娯楽編、第十話「鉄の怪獣が東京を襲った!」、崖崩れを防ぐ強化剤ポリダーの影響で、古代のヨロイ竜スコラドンが甦る第十一話「よみがえった岩石怪獣」、岸田森が脚本を執筆したアングラ芝居を思わせる異色作、第十二話「地球はロボットの墓場」、ベルダー星の子孫である親子の物語、第十五話「ベルダー星M13号指令」、捨てられた楽器が怪獣化する幻想譚、第二四話「夜になくハーモニカ」、故郷に帰ることの出来なくなったヴィナレス星人(注五)が怪獣化して暴れる第二五話「帰る星なき宇宙人」などだ。

最終回「宇宙に消えたファイヤーマン」で、ファイヤーマンは地球の科学力では破壊不可能な物体Xを消滅させるため宇宙へ持ち運び、我が身を犠牲にして故郷の星を守る。番組が目指したであろう『ウルトラマン』の最終回で、ウルトラマンは命を失うが、ゾフィーの持っ

(注五) クレジット表記。劇中ではヴィレナス星人と呼ばれる。

て来た命で甦り、故郷のM78星雲に帰っていった。それはウルトラマンがいずれ地球に再び戻って来るかもしれないという希望に満ちたものだった。一方の『ファイヤーマン』は、爆発したS・A・Fの主力戦闘機マリンゴンの残骸から、岬の焼け焦げたヘルメットが発見されて隊員達が彼の死を知るというラストで、実に救いがなかった。結局、『ファイヤーマン』は原点にうまく回帰出来ず、宇宙の果てに消えていったのである。

## 温められていた企画

『ジャンボーグA』は、七三年一月十七日から同年十二月二九日までNET系列で放送された。時間帯は水曜夜七時三〇分から八時までだったが、十月六日の第三八話「サイボーグ・コマンドを倒せ！―パット新兵器登場―」からは土曜日夜七時からの放送となった。

グロース星人の地球侵略が始まった。戦闘隊長アンチゴーネは、巨腕怪獣キングジャイグラスを放つ。早速、地球パトロール隊PAT（Protective Attack Team）が出動する。しかし隊長の立花信也（天田俊明）は、命に危険が迫った少女を救った際、命を失ってしまう。信也の弟で民間航空会社のパイロット立花ナオキ（立花直樹）は兄の敵を討とうと、再び現れたキングジャイグラスに、セスナで突っ込んでいく。命を落としかけたナオキを救ったのは、地球の兄弟星、エメラルド星からやって来たエメラルド星人だった。星人はグロース星人の怪獣と戦うための巨大な宇宙サイボーグ、ジャンボーグAを持って来ていた。そしてジャンボーグAをセスナの形に変え、ナオキに与えるのだった。

こうして立花ナオキはジャンボーグAのパイロットとなり、グロース星人の野望を砕くため、日夜戦い続けるのだった。

『ジャンボーグA』という番組タイトルが円谷プロの記録に現れるのは古く、確認出来る最古のものは六八年十二月二七日の営業部の営業報告書だ。

---

1968年12月27日

TBS…『サスケ』後企画として『ミラーマン』（二次元から来た男）、『トラブルマン』12月中旬提出『トラブルマン』有望　但しシノプシス来月初め提出予定、金城執筆（1969年（注一）4月編成）

CX～ジャンボーグA企画書　金城・上原

円谷プロの社内改革が行われ、営業部が発足したのはこの月の十二日だ。ただ、この企画書が金城哲夫、上原正三の手で書かれたかどうかは不明。また、一部の資料には六六年四月十六日（これは書き間違いで、実際は五月十六日のようだ）の『文芸部・日誌』（注二）にある記述が、『ジャンボーグA』の元になったとある。以下、採録しよう。

（注一）参照した『ミラーマンLD―BOX』のライナーノーツでは「1963年　4月編成」となっているが円谷プロ創立の月なので誤りだ。

（注二）当時円谷プロ社員だった金城哲夫と上原正三が記したノート。

4／16　くもり
ウルトラマン第一話についてプロデューサーの樋口氏のOKをとる。ストーリーをストレートにした処が関沢台本を大きく改稿した点だ。
これで円谷組の台本が2本完了した。ホッとする。（中略）
小学館の編集者たち三者来社。円谷プロとテイケイで新作マンガを連載する件で話し合う。「ロボット」に興味を示された。（金城）

前半は『ウルトラマン』第一話「ウルトラ作戦第一号」の脚本直しについての記述、後半の〝ロボット〟の〝新作マンガ〟というのが『ジャンボーグA』なのではないかということだろう。だが正直、これだけでは何とも言えない。小学館の学年別学習誌で漫画『ミラーマン』の連載が始まるのは六九年八月からで（注三）、この記述の三年以上後だ。『ジャンボーグA』の原型である『ジャンボーX』はそれより遅れ、七〇年三月発売の『小学一年生』四月号からだ。つまり『文芸部・日誌』の記述は、六六年から円谷プロと小学館の間で雑誌連載の話が進んでいたという以上の意味を持つものではない。『ミラーマン』にしろ『ジャンボーグA』にしろ、連載漫画が先行したのは当時、企画が通るかどうかの決め手の一つが〝雑誌連載中〟だったからだ。

これらの連載漫画は、円谷プロの新作が途切れていた時代、企画を売って番組を制作するための、言わば援護射撃だった。無論、番組が始まれば小学館の独占扱いになるのだから、

（注三）『幼稚園』『小学一年生』『小学二年生』『小学三年生』九月号。

両者にとって損のない話だったのである。
現在確認出来る『ジャンボーグA』最古の企画書は六九年、田口成光の手で執筆された『新番組企画案 空想特撮シリーズ ジャンボーグA』で、監修に円谷英二、プロデューサーに円谷皐を予定していた。以下、企画書の重要な部分を引用しよう。

「ジャンボーグA」とは、この世で最強の武器として作られた人造人間です。このシリーズは主人公、真一少年と、「ジャンボーグA」、それに地球パトロール隊が怪獣や宇宙人と闘って地球の平和を守る〝勇気の物語〟です。（中略）

☆シリーズの特色

○少年（真一）の勇気
○この世で最強の武器として作られた人造人間〝ジャンボーグA〟に乗ったとはいえ主人公の真一少年にとって闘う相手が怪獣では、やはり怖いものです。
○〝ジャンボーグA〟（JAN）を真一の思い通りに動かすことは可能ですが少年の費すエネルギーもまた大変なものです。数分間で少年は疲労困憊になってしまいます。この数分間で相手をやっつけなくては少年もJANも永久に立ち上がれなくなってしまいます。恐ろしい相手といかに闘うかもこのシリーズのおもしろさになります。

少年の勇気がシリーズを通じてのテーマになります。
○ストーリー重点主義
ＪＡＮと真一、それに地球パトロール隊（ＰＡＴ）の関係とそれらの活躍はいうに及ばず、毎回のストーリーにはっきりしたテーマを盛り込みます。子供番組で見た目の派手さも必要ですが大人の観賞にも耐え得るような公害の問題、交通地獄の問題、正義と悪の問題、食糧問題、良心の問題、愛の問題、ｅｔｃ・などを取り上げ、ストーリー作りに重点を置きます。

社会的なテーマ性のあるエピソードが多かった『怪奇大作戦』を終えたばかりだからか、かなりシリアスな展開のドラマが予想される。おそらく執筆されたのは六九年六月の半ばから下旬にかけてである。というのも六月二五日の営業報告書に以下のような記述があるからだ。

昭和44年6月25日
ＣＸ『ミラーマン』（仮題）（Ｂ／Ｗ）、30分、小中学生
フジテレビ土曜日夜6：30～7：00の企画として局のローテーションに組込まれました。10月に始まる新番組の様子を見て放映開始が1月または4月に決定します。
『ジャンボーグエース』

フジテレビのゴールデン番組として特別扱いになっております。製作費もかなりの高額になりますので、局としては慎重に検討されておりますが、ようやく可能性が見えてきました。日曜の夜7：00〜7：30枠になると思われますが、7月中旬には決定するでしょう。その場合、11月放映開始になるでしょう。

つまり六月の時点で、企画書はフジテレビに提出済みということだ。この企画書でのジャンボーグAはエメラルド星人の贈り物ではなく、地球パトロール隊（PAT）の技術顧問だった大川英世博士が、PATの参謀より秘密裏に依頼された〝今世紀最強の武器〟である。しかし病に冒されていた博士は、JANが完成した後、亡くなってしまう。そのためJANはPATに引き渡されず、その秘密は参謀一人が知るのみとなったが、博士の遺児である真一少年に引き継がれたという設定だった。

この後、企画書は書き改められるが、やはり営業報告書にそれらしき記述が見られる。

昭和45年8月31日
博報堂『ミラーマン』
テレビラジオ企画製作局、白川氏あて新番組として話を進めている。局はCXが最有力だが、他局にも可能？ 当初『ジャンボーグA』で出してあったものを、内容を多少変更し改めて8／27に提出したが、やはりウルトラシリーズと同一化したパターンとなるため、全く別の形でという訳で『ミラーマン』がクローズアップしてきたもの。9月早々に企画・田口とキャラクターの設定（ミラーナイフ、ミラーパンチ、変身、ミラーマン3段飛びｅｔｃ）をプロで検討し、企画書化（ラフで可）して再度白川氏と打合わせすることになった。

このように初期の『ジャンボーグＡ』企画は『ミラーマン』と並行して検討されていたことがわかるが、両作とも映像化されるのは、まだ先のことだ。

## 『ジャンボーグA』の発進

七〇年に入っても、『ジャンボーグＡ』の進展はなかった。しかし怪獣ブームが終息したと思われていたこの時期、高額な制作費の特撮番組に局や代理店が興味を示すのは難しかっただろう。だが七一年に入り、第二次怪獣ブームが巻き起こると潮目が変わる。

フジテレビ系列で、日曜夜七時から七時三〇分まで放映されていた人気アニメ『アタックNo．1』は、同年十一月二十八日に終了（注一）、後番組として高畑勲監督による『長くつ下のピッピ』（注二）が予定されていたが、原作者がアニメ化を許可せず、制作中止となる。その穴を埋めるために『ミラーマン』が急遽浮上した。こうして『ミラーマン』は、『アタックNo．1』の後番組として、十二月五日から放送開始した。まさに棚からぼた餅的な展開

（注一）
放送開始は六九年十二月七日。

（注二）
スウェーデンの児童文学作家、アストリッド・リンドグレーン原作のアニメ企画。海外では繰り返し映像化されている。アニメ版はＡプロダクション（現・シンエイ動画）制作で、演出・高畑勲、場面設計・宮崎駿、キャラクターデザイン・小田部羊一で制作準備が進んでいた。

であるが、後に『ジャンボーグA』も、似たような事情で制作が決定することになる。番組の企画者であり、脚本でも参加した田口成光に番組成立までの過程を語ってもらった。

**田口**　元々『ジャンボーグA』は、本命じゃなくて〝当て馬〟の企画だったんです。それがある日、MBS（毎日放送）編成の廣瀬隆一さんから電話がかかって来て「何か企画はないか？あるならすぐ会いたい」ということで。それだったら『ジャンボーグA』があるじゃないかということになって、確か満田（稔《かずほ》）さんと一緒だったと思うんですが、企画書を持って赤坂の東急ホテル（後の赤坂エクセルホテル東急）で待ち合わせしたんです。ただ、お互いに顔を知らないから、こっちは円谷プロの資料を持って、向こうは毎日放送の紙袋を持ってました。それで企画書を渡したんですが、二、三日後、電話がかかって来て、「ぜひ、これを進めたい」とね。トントン拍子で決まった企画なんですよ。だから円谷プロ創立十周年作品として企画されたわけじゃない、結果的にそうなったんだね。円谷プロが、在阪の局と仕事をするのは、これが初めてだったよね。

毎日放送は大阪に本社を置く放送局である。今はTBS系列だが、この頃はNET系列だった。田口が経験した先方の慌てぶりは、予定していた番組が急遽制作中止、あるいは打ち切りになったことを示唆している。『ジャンボーグA』の前番組は『新・番頭はんと丁稚どん』。花登筐《はなとこばこ》原作で、かつて絶大な人気を誇った『番頭はんと丁稚どん』（注三）の現代風リメイクだっ

（注三）五九年三月九日〜六一年四月十七日、NET系列。

たが、オリジナルほどの人気を呼ぶことが出来なかったのだろう。番組は七二年十二月二七日、全三九回で終了した（注四）。

**田口**　番組を始めるとなると、プロデューサーが必要でしょう。それで円谷一さんに相談したんですが、淡《だん》（豊昭）さんにやってもらうことになりました。淡さんは関西の人でね、海産物問屋のせがれって聞いていました。鯨の皮の問屋さんだったみたいですね。

淡豊昭は元ＴＢＳの契約社員で、後に京都映画へ出向、飯島敏宏、実相寺昭雄が参加した新感覚の時代劇『風』（注五）や、円谷プロが京都映画へ下請けに出した『怪奇大作戦』第二三話「呪いの壺」、第二五話「京都買います」ではプロデューサーとしてクレジットされている。淡は作品ごとに契約するプロデューサーで、この頃（七二年後半）は『ミラーマン』を担当しており、その関係でスタッフの多くは、『ジャンボーグＡ』にそのままスライドしている。

制作決定後、円谷プロと毎日放送サイドの確認用の企画書、『―新番組― 空想特撮アクション ジャンボーグＡ』が作成される。そこには希望放送時間帯として〝水曜日・午後七時三〇分〜八時〟という文言が入っている。実際に放送された『ジャンボーグＡ』とほぼ変わらない内容だが、主人公の名前は牧羊介となっている。

そしてこの企画書には〝本企画制作心得〟と題された興味深い一文がある。抜粋して紹介

（注四）放送開始は七二年四月五日。

（注五）六七年十月四日〜六八年九月十一日。

しよう。

□本企画制作心得
1、本企画の視聴者は、大部分がこどもであります。したがって「ジャリ番」に徹することを本分とします。
2、主人公牧羊介は常に明るく楽しく行動します。そして、怒りを素直に爆発させます。無論失敗もあります。決して優等生ではありません。現代のカッコイイ青年を強調したいと思います。
3、牧羊介は人間です。ジャンボーグAは「ジャン」（セスナ）と「羊介」（人間）とが合体して巨大化したものです。
従って、サイボーグとして扱います。

前章で紹介したように、『ジャンボーグA』の初期企画はストーリー重視で、社会問題などやや重いテーマを取り上げようとしていたようだが、最終企画書では〝「ジャリ番」に徹する〟と謳っており、正反対に舵を切っている。あるいはこの変更は、七〇年八月二七日にフジテレビに提出された（前章紹介の八月三一日営業報告書の記述）企画書での変更かもしれないが、未発見なので検証は不可能だ。しかし変更のタイミングはどうあれ、この開き直りとも言える方向転換は、『ジャンボーグA』という番組の性格を的確に表している。

**田口**　淡さんの意向で、『ミラーマン』はおとなしめのドラマになりました。主人公の出生の秘密（二次元人の父と、地球人の母の間の子）とかもあるしね。でも『ジャンボーグA』は逆に、（主人公を）能動的にしようという方向性で行きました。

『ジャンボーグA』は七三年一月十七日からの放送と決まり、淡は早速脚本作りに取りかかった。第一話「エメラルド星からの贈り物」、第二話「大逆襲！アンチゴーネ」の脚本は、早稲田大学時代、淡が所属していた稲門シナリオ研究会の後輩、山浦弘靖が担当した。山浦は『ミラーマン』の中盤から、それまでの若槻文三に代わって番組のメインライターとなり、淡の信頼も厚かった。山浦の後は田口成光、安藤豊弘が続き（それぞれ二話ずつ）、基本的にこの三人のローテーションで『ジャンボーグA』の脚本が作成されていった。

『ジャンボーグA』は、同時期の『ファイヤーマン』とは対照的に、地球侵略を狙うグロース星人対PATとジャンボーグAというシンプルな構成の作品だ。そしてシリーズの要所要所で様々なイベントを用意し、ドラマのうねりを作り出すことに成功した。それは三度にわたる隊長交代劇、グロース星人の戦闘隊長の交代、立花ナオキに替わるジャンボーグAの新たな操縦者候補（石田信之演じる岸京一郎）の登場、新たなヒーロー、ジャンボーグ9の登場、『ジャンボーグA』と『ミラーマン』世界の融合、そして新兵器の登場などだ。次々と新手を繰り出し、視聴者の興味を番組に惹きつけた。

**田口**　敵のボスが替わるというのは、番組をパワーアップしようという狙いがあったんです。『仮面ライダー』的というか、円谷プロではやっていなかったパターンでした。それに毎回話を作るのも大変でしょう。つまり目先が変わると、新しい展開が生まれますからね。ジャンボーグ9はね、MBSの廣瀬さんが『仮面ライダー』も担当していたんですよ。彼はバイクが好きでね、こっちでも出そうということになったんですが、そういうわけにもいかないので車が変身することになったんです。

陽性でアクション指向、イベントも盛りだくさんだった『ジャンボーグA』の視聴率は十%台を維持（注六）、まずまずの人気を誇り、一年間の放送を終えた。

## 一九七三年二月九日金曜日朝

一九七三年、円谷プロ創立十周年の年が明けた。一月七日からは『ファイヤーマン』、同月十七日からは『ジャンボーグA』が放送開始、二五日にはウルトラ六番目の兄弟が登場する『ウルトラマンタロウ』第一話「ウルトラの母は太陽のように」がクランクイン、山際永

（注六）『ファイヤーマン』『ジャンボーグA』の視聴率については『ファンタスティックコレクションNo．16　華麗なる円谷プロ特撮の世界　ミラーマン　ファイヤーマン　ジャンボーグA』（朝日ソノラマ刊）を参照した。

三監督の下、撮影は順調に進んでいた。そして七二年度の決算で、円谷プロの業績は借財がほとんど片付くまで回復、未来は順風満帆のように見えた。

しかし問題が一つあった。代表である円谷一の健康だ。元々一には父の英二がそうだったように、糖尿病と高血圧という持病があった。しかし二代目代表として会社再建に奔走する日々で、自らの健康を顧みる暇がなかった。

一は七一年に人間ドックで精密検査を受けていたのだが、すでに身体はボロボロの状態だったという。七二年に入ると糖尿病が進行し、その影響による眼底出血が見られた他、心臓、胃にも異常が見られるようになって来た。しかし帰宅は連日深夜零時を過ぎ、それでも翌朝八時か九時には出社していたという。

一が力を注いだ円谷プロ創立十周年のイベントのうち最大のものは、英二が果たせなかった企画『かぐや姫』を七〇ミリで映画化することだった。一の夢は膨らんだ。しかし七三年に入ると、身体は言うことを聞かず、日曜は寝間着のまま横になっていることが多くなっていた。

二月八日木曜日、『ウルトラマンタロウ』の円谷プロ側プロデューサーだった熊谷健は、会社で夕方まで一と話し込んでいた。その後、ＴＢＳに用事のあった熊谷は、局へ行く旨を伝えて一と別れた。その後一はまっすぐ家に帰らず、自宅の敷地内にあった今津三良宅に立ち寄った。今津は円谷家と親戚関係で、円谷プロの役員も務めていた。そこで水割りか何かを引っかけたらしい。その後帰宅した一は、しきりに頭痛を訴えていたという。

容態が急変したのは、翌九日金曜日の早朝だった。五時頃、一は起きようとして床から身体を起こしたが、何度起き上がってもそのままバタンと倒れ込んでしまう。それを繰り返しているうち、いつしか意識は混濁し、家族が寝室に入った時には、高いびきをかいたまま意識不明の状態だったという。明らかに脳溢血の症状が出ていた。その後、一は救急車で病院に搬送されたが、意識不明のままこの世を去った。享年四一。父親との別れからわずか三年の早すぎる死だった。

飯島敏宏は『円谷一 ウルトラQと〝テレビ映画〟の時代』で、『怪獣大奮戦 ダイゴロウ対ゴリアス』の一の思い出で、ちょっと気になることを証言していた。

飯島 ただあれは（引用者注・『怪獣大奮戦 ダイゴロウ対ゴリアス』のこと）東宝封切りだけど東宝映画じゃないんですよね。そのせいか東宝にずいぶんいじめられてね。だいぶ頼んだんだけど、結局ステージも使わせてもらえなくて、映画館で完成招待試写会もなかった。それに対して一さん、なぜか馬鹿に弱気でね、戦う姿勢がないんだよ。

取材の時は気が付かなかったが、この発言は、当時の一の体調悪化を、飯島らしい婉曲表現で、筆者に伝えようとしていたのかもしれない。

円谷一は父の会社再建のため、演出家としてのキャリアを捨て、会社経営者、プロデューサーとしての道を歩まざるを得なかった。以下は熊谷健の証言である。

――東宝に対して、一さんは対抗心を持っていたようなんですが？

熊谷　それはあったと思います。やはり経営者として、東宝から完全に独立して自分のところだけでやりたかったのだと思います。もの作りの立場でしたら東宝とも折り合いを付けながらもやっていけるんですよ。同じもの作りとしてそれは気の毒でした。本当は、作家として、プロデューサーをやり、監督をする人でありましたから。ですから経営者ではなくてプロデューサーだったらよかったんですよね。（中略）ところがあるところから経営者にならなければいけない一さんというのがあって、それがやはり負担になっていたと思います。（『円谷一　ウルトラQと〝テレビ映画〟の時代』より）

円谷一の死という衝撃で幕を開けた『ウルトラマンタロウ』。だが制作者達はその悲しみを乗り越え、番組作りに邁進していった。

第一部

# ウルトラ
# 六番目の兄弟

# 特撮空想科学シリーズ・ウルトラジャック

朝の東京湾、一隻のタンカーが入港して来ると、ナレーションが流れる。

「ウルトラ六番目の兄弟、ウルトラマンタロウについての物語が、今、ここから始まる」（注一）

船上では、明らかに船員とは違う、ザックを担いだラフな服装の青年が、希望に燃える笑顔で、東京港を眺めている。

青年の名は東光《ひがしこう》太郎《たろう》。光太郎はタンカーが接岸するのを待ちきれなかったのか、ザックを海へ放り投げ、自身も東京湾にダイブしていった。

『ウルトラマンタロウ』は、この印象的なシーンから始まる。我々は、これから番組がいかに始まり、そして終わったのかを知ることになるが、まずは前作『ウルトラマンA』について少々説明が必要だろう。

『ウルトラマンA』は、二八・八％という高視聴率で始まった。しかし第三話で十七・八％と落ち込み、以後は十％台半ばから後半を行き来する、期待外れの結果となってしまった。結果、番組はいくつかのテコ入れを行っていく。

まずはシリーズ初の共通の敵、異次元人ヤプールを第二三話「逆転！ ゾフィ只今参上」で全滅させることだった（注二）。そして第二七話「奇跡！ ウルトラの父」ではウルトラの父の登場を描き、続く第二八話「さようなら夕子よ、月の妹よ」では番組の目玉であった男女

（注一）これは第一話決定稿にはなく、監督の山際永三が撮影台本に書き込んだものである。

（注二）もっとも、これはプロデューサー側が意図したものではなく、監督である真船禎《まふねただし》の独断だった。詳しい事情については『「ウルトラマンA」の葛藤』を参照のこと。

合体変身を廃止した。さらに第二九話「ウルトラ6番目の弟」からは、ウルトラの星が見えるという少年（梅津ダン）がレギュラーに加わる。

このようにシリーズ中盤で設定変更を矢継ぎ早に行った結果、『ウルトラマンA』の視聴率は二〇%台を回復し、次回作制作が決定した。

『ウルトラマンタロウ』最初期の企画書は『円谷プロ創立10周年記念 テレビ映画新企画案 特撮空想科学シリーズ ウルトラジャック（仮題）』である。このタイトルから、ウルトラマンAという名称は、一度限りのつもりだったことがうかがえる。企画書はシリーズのメインライターとなる田口成光の手によるもので、一九七二（昭和四七）年十月二五日に印刷されている。同時期に印刷された『ウルトラマンA』の決定稿は、第三六話「この超獣10,000ホーン?」で同月二四日、番組は第三〇話「きみにも見えるウルトラの星」が二七日に放送された。これで企画スタートのタイミングが判断できる。

企画書『ウルトラジャック』の冒頭には、以下の文言が記されている。

「ウルトラジャックとは十一の能力を持ったウルトラ六番目の弟の物語である」

十一の能力というのは、トランプのJ《ジャック》からの連想だろう。以下、「企画意図」と「番組の特長」を引用しよう。

企画意図

ウルトラシリーズはウルトラエイジと呼ばれる世代の子どもたちを生みだし、今なお放映されているシリーズであります。

同時にウルトラ文化と呼ばれる子ども文化を発生させ、怪獣変身ものの中で一際輝いています。

スケールの大きさ、迫力ある画面、華麗なるストーリーに裏づけられて、今や全世界の子どもたちのアイドルとなっております。

そこで、私たちは今までのシリーズを更にパワーアップし充分なエンターテイメントを盛り込んだウルトラシリーズを考えてみました。

それが、ウルトラシリーズ第五弾！（原文ママ）

「ウルトラジャック」（仮題）であります。

番組の特長

（①は省略）

②宇宙怪獣登場！

怪獣ものの極めつき、〝ウルトラジャック〟の舞台は地球だけではありません。宇宙も舞台なのです。

ですから当然、宇宙猛獣が登場してきます。宇宙怪獣は今までの怪獣と違って色々な特殊能力を持っています。

③エンターテイメントの豊さ！（原文ママ）

舞台の拡大、宇宙怪獣の登場に伴い、飛行機や船・自動車・潜水艇・宇宙ロケット・宇宙ステーションあるいは、怪獣を倒すために続々新型武器が登場し、おもしろさが倍加します。

また、それらのメカニックなシーンもシリーズの圧巻でありましょう。

---

〝シリーズの設定と方向〟の項では、超能力を持つ怪奇な宇宙怪獣や宇宙人が次々と地球を襲うとあり、この段階では『ウルトラセブン』怪獣版のような侵略ものを目指していたことがわかる。宇宙怪獣をメインにしたのは、『ウルトラマンA』の超獣との差別化だろう。また、特殊能力を持つ敵と戦う宇宙科学警備隊のメカニック群も番組の魅力とし、ビジュアル指向の娯楽作を狙っていたことがわかる。それは十一の能力を持つウルトラジャック、数々の超兵器を有する宇宙科学警備隊の設定でも明らかだ。以後、それらを列記してみよう。まずはジャックの能力から。

一・ストリウム光線、二・スワローキック、三・アトミックパンチ、四・ハンドナイフ、五・パーフェクトバリヤ、六・ヒーロー光線、七・ウルトラポケット（注三）、八・ウルトラ噴流、九・ウルトラフリーザー、十・ウルトラダイナマイト、十一・ウルトラモール。

宇宙科学警備隊の本部は、ニューヨーク、国連本部の中にあるという設定だ。支部はフラ

（注三）「ヒーロー光線」は額のパイロットランプから発せられる。「ウルトラポケット」は〝右肩からツマ先まで正面、裏面をグルリとまわる、一本のストライプ〟から、剣を抜くようなアクションで秘密兵器が飛び出すというもの。

額のパイロットランプやストライプをわざわざ書き込んでいるということから、当初よりウルトラセブンのデザインをイメージしていたことがわかる。

ンス、南アフリカ、日本、アメリカ、北極、アルゼンチンにあり、複数の宇宙ステーションも有している。

日本支部は東京、霞が関のタワー上部にある。本部と呼ばれ、建物そのものが空を飛び、分離、合体も出来るという超メカニックである。また本部と別に東京湾の埋め立て地に巨大な基地があるという設定だった。兵器としては、大型機のスカイホエール、二人乗りの戦闘機コンドル、小回りが利く小型機スーパースワロー、大型のスペースロケット・アンドロメダ、小型のスペースロケット・マゼラン、小型ジャイロプレーンのドラゴン、攻撃車両のウルフ777、パトロール用の小型車ラビット、攻撃と研究用の潜水艇アイアンフィッシュ、地底タンクのペルミダーII世がある（注四）。

これらの兵器は、『ウルトラマンタロウ』へほぼそのまま継承され（注五）、ミニチュアも作られたが、アンドロメダとアイアンフィッシュはタイトルバックのみの登場、マゼランは最後まで本来の姿では登場しなかった（注六）。

登場人物は朝日奈勇太郎隊長の名前が橘勇、白鳥家の長女さおりがかおりとなっている他は完成作と変わらない。副隊長の荒垣修平、隊員の北島哲也、南原忠男、西田次郎、アシスタントの森山いずみ、それに光太郎が下宿する白鳥家の白鳥潔、長男の健一である。

『ウルトラジャック』と完成作の最も大きな違いは、光太郎が最初から宇宙科学警備隊の隊員であることだろう（注七）。企画書の最後には、四本のサンプルストーリーが掲載されている。紹介編の「ウルトラジャック登場！」、液体怪獣コスモリキッドが登場する「液体怪

（注四）
『ウルトラマン』第二九話「地底への挑戦」に登場した地底戦車ベルシダーの後継機という意味で〝II世〟なのであろう。ネーミング担当は田口成光だが、企画書の原稿に〝ペルシダーII世〟と記入し、それが印刷段階の誤植で〝ペルミダーII世〟になったという事情ではないだろうか（企画書では一貫して〝ペルミダーII世〟と表記されていることから、原稿段階での誤記の可能性もありうる）。なお、田口自身は経緯を覚えていないそうである。ちなみにベルシダーは第二九話の脚本段階から〝ベルシダー〟となっている。

（注五）
完成作品でコンドルはコンドル1号となったが、劇中ではコンドルと呼ばれている。また、ラビットはラビットパンダとなり、名前の可愛らしさが二倍になった。

獣登場！」、ビルをすり抜ける能力を持つ怪獣ゴーストが本部を襲う「幽霊怪獣ゴースト登場！」、アメリカ本部が退治したライブキングが再生し、日本を襲う「再生怪獣登場！」である。

第一話「ウルトラジャック登場！」は、以下のような内容だ。

宇宙ステーションがアストロモンスに襲われた。光太郎と弟分の西田はアンドロメダで出動し戦闘になるが、怪獣は姿を消してしまう。二人は怪獣をやっつけたと報告するが、証拠写真のフィルムが感光していたため、誰も信じなかった。

その後、白鳥健一が望遠鏡でアストロモンスを発見、写真撮影に成功する。同じ頃、白鳥船長のタンカーが襲われ、オイルが怪獣に吸われてしまう。光太郎が健一の撮った写真を船長に見せると、怪獣はアストロモンスと判明した。だが船長にはオイルを売り飛ばした嫌疑がかけられてしまう。

健一は、父親がオイルを横流ししたと疑われ、しかも警備隊が何も出来ないことに怒った。光太郎も悔しかった。

そんな中、空をパトロール中の西田がアストロモンスに襲われた。警備隊が出動するが、全く歯が立たない。怪獣がエネルギーを吸うことに気が付いた光太郎は、スワローの燃料タンクを開き、アストロモンスを宇宙へ誘導する。だがその行為は、光太郎の死を意味していた。光太郎はウルトラ兄弟に助けられ、新しい命を授けられる。そしてウルトラマンAがスワローを地球に運ぶ。

(注六)
アイアンフィッシュは第五一話にZAT応接室のディスプレイとしてミニチュアが登場している。マゼランは改造され、第四二話「幻の母は怪獣使い！」のラストシーンで、進路に迷ったロケットとして登場する。

(注七)
なお、現存する全ての企画書で東光太郎の姓が〝あずま〟となっている。

クライマックスは、アストロモンスに特攻しようとした隊長と西田を、宇宙の彼方から飛来したスワローが救う。光太郎のスワローがアストロモンスに体当たりすると、彼の左胸のウルトラバッジが光り、ウルトラジャックが登場する！

このように、企画書の段階ではウルトラの母が登場しない。話を信じてもらえない光太郎や、オイル横流しの嫌疑がかけられる白鳥船長のエピソードは、どことなく上原正三が『帰ってきたウルトラマン』で好んで書いたドラマのようである。アストロモンスも同作に登場した宇宙怪獣ベムスターとキャラクター性が類似しており、冒頭の展開も似ている。つまりこのサンプルストーリーからは、独自性を感じることがまだ出来ないのである。

## タロウが飛び立つ！

この後、『円谷プロ創立10周年記念 テレビ映画新企画案 特撮空想怪獣シリーズ ウルトラマンジャック（仮題）』が作られる。内容的には『ウルトラジャック』とあまり変わらないが、B４判の大型で、各ページの余白にはマーチャンダイジング用のモノクロ写真（キャラクター、メカなどのデザイン）が貼付されていた。構成を担当したのは『ウルトラマンタロウ』の円谷プロ側プロデューサーだった熊谷健である。マーチャンダイジングに関し、『KODANSHA Official File Magazine ULTRAMAN VOL.7』（講談社刊）で、熊谷は以下のように証言している（インタビューと構成は筆者）。

熊谷　『ウルトラマンタロウ』の頃になると、マーチャンの売り上げが制作費に上乗せできるようになってきました。僕が『帰ってきたウルトラマン』を見ていて辛かったのは、円谷プロ側のプロデューサーが、予算を守らなければならない立場の社長と制作部長（引用者注・円谷一と斉藤進）ですから、局との関係に一本、線ができてしまう。毎回予算のことでぎくしゃくするのはあまり好ましくない、と僕は思ったものですから、最初からマーチャンで稼げるような材料を作って、例えば2本持ちで100万ずつといった感じで上乗せをしていったんですね。

つまり、企画書に登場するメカニック群は、これまで以上にマーチャンダイジングを意識する必要があったために生まれたものだったのである。

メカへのこだわりには、もう一つ理由があった。それは『ウルトラマンA』の超獣人形の売れ行き不振である。それらの売り上げは、『帰ってきたウルトラマン』の怪獣人形の三分の一ほどで、ブルマァク社は商品化権獲得の契約金七〇〇〇万円を回収出来ずに終わったそうだ（注一）。一方、タックファルコンやジャンボフェニックス（それぞれ『ウルトラマンA』と『ミラーマン』に登場する超兵器）などのメカ類は好調だったため、企画書でメカを強調することになったのだ。

（注一）
くらじたかし著『マルサン・ブルマァクの仕事　鐏三郎おもちゃ道』（文藝春秋刊）より。

なお、『ウルトラマンジャック』から出演者の名前が入っている。朝日奈勇太郎に名古屋章、荒垣修平に東野孝彦、東光太郎に篠田三郎、南原忠男に木村豊幸、北島哲也に津村秀祐、西田次郎に三ツ木清隆、白鳥健一に斎藤信也（注二）だが、森山いずみ、白鳥潔、かおり（完成版のさおり）は未定となっている。

企画書はもう一冊、『円谷プロ創立10周年記念 テレビ映画新企画 ウルトラマン・シリーズ第5弾!! ウルトラマンスター（仮題）—製作に関するメモ—』が現存しているが、内容的にはこれまでのものと大差ない。差異を挙げると、隊長の名が橘勇で、白鳥船長の配役に、東宝特撮映画で馴染みが深い田島義文の名が記され、西田役の三ツ木清隆の名が消えている。メカからはウルフ777がなくなって、パトロール用の小型車ラビットパンダにウルフの特徴が移植されている。これは車両を二台作ると予算的に厳しいという判断だったのではないだろうか。

細かいことを言うと、一ページの後が三ページ、二三ページの後が二五ページになっている。つまり『ウルトラマンスター』は、『ウルトラジャック』を部分的に修正したものなのだ。ノンブルが飛んでいるのは、『ウルトラジャック』の二ページ、二四ページは白紙であり、それを抜いたからだ。

以上のことから、これら三冊の企画書は『ウルトラジャック』『ウルトラマンスター』『ウルトラマンジャック』の順で作成された可能性が高い。しかし後の二冊に関しては、印刷時期が不明であり、断言は出来ない。

（注二）
企画書では〝斉藤進也〟と印刷されている。

この他、プレゼン用の資料に『ウルトラマンジャック（仮題）番組資料』がある。これは右で紹介した『ウルトラマンジャック』の内容をカラー印刷でまとめた豪華なものであった。

初期の企画書から大きな変更がなかったのは、当初から叩き台としては申し分のない内容だったということだ。そしてそれを基に、ＴＢＳ側プロデューサーの橋本洋二、円谷プロ側プロデューサーの熊谷健、メインライターの田口成光を中心にブレーンストーミングを行い、新番組の骨格を固めていったのである。

内容を詰めていく段階で一番問題になったのは、番組タイトルをどうするかだった。『ウルトラマンスター』の最終ページには〝サブタイトル案例〟として（番組タイトルの間違いであろう）、以下の番組名が列記されている。ウルトラマンスター、ウルトラマンガッツ、ウルトラマンキング、ウルトラマンファイター、ウルトラマンＺ、ウルトラマンハンター、ウルトラマン６、ウルトラマン００６で、ジャックというタイトルは入っていない。あるいは『ウルトラマンスター』は、番組タイトル決定のために作成されたのかもしれない。そして、もし企画書の作成順が先ほど記した通りだとしたら、最終企画書となる『ウルトラマンジャック』が最有力候補だったと考えていいだろう。だが、結局〝ジャック〟という言葉は、当時世間を賑わしていた〝ハイジャック〟を連想させるということで取りやめになったと言われている。（注三）。

またネーミングに関しては、それまでにない、もっと新鮮で違った発想が欲しいとの意見が円谷プロ内部であったという。

（注三）
民間航空機のハイジャック事件は一九六〇年代末から急増した。日本でも七〇年三月に「よど号ハイジャック事件」、同年八月に「全日空アカシア便ハイジャック事件」が発生、『ウルトラマンタロウ』準備中の七二年十一月には江利チエミが人質の一人となった「日本航空351便ハイジャック事件」が発生している。

では『ウルトラマンタロウ』という、それまでのシリーズとは異質なタイトルの発案者は誰か？　であるが、実は二説ある。一つは〝ジャック〟が西洋のおとぎ話の主人公によく使われていることから、それに対応する和風の名前として、円谷プロ企画室長だった満田稔が〝○○太郎〟から名付けたという説。もう一つは、当時小学館学年誌の編集部員だった福島征英が、職場のアルバイト女性から提案されたという説。福島は、当時ウルトラマン関連の記事を独占掲載していた各学年誌のウルトラマン担当（当時は〝ウルトラチーム〟と呼ばれていた）の一人だった（注四）。福島は同じチームの平山隆とひんぱんにＴＢＳへ出向き、橋本洋二と打ち合わせしていた。

以下、『オール・ザット　ウルトラマンタロウ』（ネコ・パブリッシング刊）から満田の証言を、『ウルトラマンタロウ』DVD Vol.8ライナーノーツ所収の「シーン・セレクション＃9」から、福島の証言を引用する。

満田　『T』（引用者注・『ウルトラマンタロウ』）の立ち上げの頃で覚えていることといえば、タイトルのことかな。企画の時点では、毎回のことですが、タイトル案が20も30もあってね。（中略）最終的には日本名にすることになり、「太郎（タロウ）」に決まりました。あの頃は、洗濯機の「銀河」、カラーテレビの「高雄」、エアコンの「霧ヶ峰」といった具合に、日本的なネーミングが流行っていた時代だったんですよね（注五）。

（注四）
『帰ってきたウルトラマン』の頃は〝MATチーム〟と呼ばれていた。

（注五）
東芝の「銀河」は六六年、三菱の「高雄」「霧ヶ峰」はともに六七年発売。

福島「編集部に（引用者注・橋本洋二から）電話がかかってきて、『次のタイトルの名前を決めたいんだけど、候補を挙げてくれないか』っていうことでしたよね？（中略）まあ、それで、編集部の人たちに聞いて回ったんです。もちろん、他の編集部にもそれを伝えて情報を集めました。『ウルトラマンジャック』『ウルトラマンジョー』、いろいろあったんですけど、最後にまとめる時に、『よいこ』のアルバイトの女の子に『何かないかな』と聞いてみたんです。すると、その子が『男の子だったらタロウよね』って言うんですよ。それで、リスト（引用者注・タイトル候補のリスト）の中に、『ウルトラタロウ』という名前も入れておいたんですね」

そして熊谷は次のように証言している。

――一説には、当時ハイジャックが流行ったので『ウルトラマンタロウ』になったといわれています。

熊谷　なにかの理由があったと思います。ただウルトラマンジャックというのは長過ぎるし、ゴロもよくなかったんで、僕としてはあまり気に入ったタイトルではありませんでした。（中略）円谷プロサイドからも小学館サイドからも〝タロウ〟というネーミングが出たんです。円谷プロの場合、タイトル会議で満田（穧）さんが言いだしたと思うんですが、小学館の方はアルバイトの女の子が、タロウってどうですか？　と言ったらしいですね。

それにタロウというと長男、なんとなく家庭的な雰囲気があるじゃないですか。ファミリー路線ということになるとウルトラの母を出してもいいだろうし、つまりネーミング自体がシリーズのひとつの狙いでもあったんですね。(『KODANSHA Official File Magazine ULTRAMAN VOL.7』より)

円谷プロ内で行われたタイトル選考会議で、『ウルトラマンタロウ』を最終承認したのは円谷皐であると、当時会議に出席していた梅本正明(営業部で版権管理窓口担当だった)が記憶していた。そしてそれをTBS側も了承し、番組タイトルが『ウルトラマンタロウ』と決定した。橋本洋二、田口成光らによるブレーンストーミングは、タイトル問題と並行して続いていただろう。そしてその中で、『ウルトラマンタロウ』の方向性が固まっていく。

**田口** 『ウルトラマンA』の視聴率が悪くて、これでシリーズも終わりかという話もあったんですが、もう一本やろうということになったんです。ですからシリーズの総集編を作ろうという発想ですね。どちらかというとバラエティというか、アラビアンナイトみたいな、摩訶不思議な世界観の話にしようということでスタートしたんですよ。ネオメルヘンですね。

だから怪獣もケバケバしいくらいにして、水に溶けるとか気体になるとか、摩訶不思議な存在になりました。

橋本洋二は『ウルトラセブン』の後半から、三輪俊道のサポートとして円谷プロ制作の番組を初めて担当した。『怪奇大作戦』以降は企画時から関わり、『帰ってきたウルトラマン』『ウルトラマンA』と、テーマ性を重視した作品作りを続けて来た。しかし『ウルトラマンタロウ』には、それまでのような強いテーマ性が感じられない。

**橋本**　それまで眉間に皺を寄せたようなものばかり作って来ましたからね。『ウルトラマンタロウ』に関しては、自由にやってもらおうという考えでした。

私は最初、『コメットさん』(注六)を作りましたからね。こどものためのものを作りたいと思っていたし、『ウルトラマンタロウ』もまたそうです。

**田口**　ウルトラシリーズの視聴者は明らかに低年齢化していたし、『ウルトラマンタロウ』は、最初から低年齢層を狙った企画でした。とするとファミリー路線ですから、ウルトラの母も父も、それに兄弟も出るという具合ですね。ウルトラの母に関しては、父がいるんだから母もいるだろうという発想です。

前出「シーン・セレクション#9」での橋本の証言によると、TBSはこの頃ファミリー路線をずっとやっていて、〝ケンちゃんシリーズ〟(注七)が絶好調の時期だったという。『ウルトラマンタロウ』のファミリー路線への傾斜は、時流と歩調を合わせたものだったのかも

(注六)
六七年七月三日〜六八年十二月三〇日。

(注七)
『ジャンケンケンちゃん』(六九年四月三日〜七〇年二月二六日)から『チャコとケンちゃん』(八二年三月四日〜九月三〇日)まで続いたテレビドラマシリーズ。

しれない。

橋本や熊谷の言うファミリー路線と田口の言う〝ネオメルヘン〟が融合して出来上がった『ウルトラマンタロウ』脚本の表紙には、熊谷健の発案による〝華麗にロマンを謳う空想怪奇シリーズ〟（第二話準備稿までは〝華麗なる空想怪奇シリーズ〟）という文言が印刷されている。

今、ウルトラマンタロウが飛び立とうとしていた。

## 『ウルトラマンタロウ』のキャスティング

『ウルトラマンタロウ』のキャスティングは新劇、映画界などからベテラン、中堅、新人が幅広く集められた。その要となるのは、主役の東光太郎を演じた篠田三郎である。『ウルトラマンタロウ』は、篠田のキャラクターがあってこその作品であり、これ以上ないキャスティングであったと言える。

篠田三郎は一九四八年十二月五日、東京都港区麻布に生まれた。高校は野球の名門、日本大学第二高校で、野球部に所属していたこともある。映画界入りのきっかけは大映の第十八期ニューフェースに合格したことで（六五年。東宝のニューフェースにも応募したが、こちらは落選した）、同期には笠原玲子がいた。一年の研修期間を経た後は大部屋に所属し、様々な映画で通行人などを演じたという。

篠田は、東光太郎に起用されるまでの経緯を次のように語った。

**篠田** その頃大映には調布の撮影所内にもテレビ室が設けられていました。映画をやっている人達は、テレビを少し軽視しているムードがありました。でもテレビ室の方は、仕事の少ない僕達若手をとても気にかけて下さって、『ザ・ガードマン』（注一）で、ボーイとか小さな役で出して下さいました。僕の養成所時代の後輩には、『ウルトラマンA』にも出演した八代順子さんや、三笠すみれさんがいます（注二）。

その後、七〇年に帯盛迪彦《おびもりみちひこ》監督の『高校生番長』で初主演。同年にシリーズの『高校生番長 棒立てあそび』（監督・岡崎明）、『高校生番長 深夜放送』（監督・帯盛迪彦）、『高校生番長ズベ公正統派』（監督・田中重雄）が製作され、篠田の顔は次第に知られていく。

**篠田** それから関根恵子（現・高橋恵子）さんと出た『高校生心中 純愛』（七一年、監督・帯盛迪彦）がヒットしまして、何本かコンビの映画を作ったんです（注三）。それで、『高校生心中 純愛』の宣伝番組に関根さんが出演されて、予告編が流れたのですが、それを橋本洋二さんの奥さんがご覧になって、僕を推して下さったらしいんです。

（注一）六五年四月九日～七一年十二月二四日。

（注二）それぞれ第三八話「復活！ウルトラの父」、第三七話「友情の星よ永遠に」に出演。

（注三）『樹氷悲歌』『成熟』（ともに七一年、監督・湯浅憲明）。

**橋本**　あの頃篠ちゃん（篠田三郎）は、青年男女のメロドラマみたいな映画をやっていて、僕の亡くなった奥さんが、深夜番組で映画の番宣を見ていて、「一人、とってもいい青年がいたわよ」と教えてくれたのが彼だったわけです。そこで大映に電話して、篠ちゃんと会って、彼はいけるな、と思ったんです。当時僕は、タケダアワーの『ガッツジュン』をやっていました（注四）。これは高校生の野球ドラマでしたが、その中のいい役（サード・進藤茂役。第十三話から最終回まで登場）を張ってもらった。彼を目立つように撮ってと監督に頼みました。篠ちゃんは、スポンサーの武田薬品からも好評でした。

**篠田**　本格的なテレビ出演は、『ガッツジュン』が最初だと思います。その後は、やはり橋本さんのプロデュースで『熱血猿飛佐助』（注五）の霧隠才蔵、これはゲストでしたが、それから『シルバー仮面』です。これは狛江の日本現代企画（注六）のスタジオで撮りました。

『シルバー仮面』の第一、二話は映像派の鬼才、実相寺昭雄監督作。実相寺も篠田を気に入っていて、石堂淑朗《いしどうとしろう》が脚本を手がけた『哥《うた》』（七二年、ＡＴＧ）では主役の淳に抜擢、大岡信脚本の『あさき夢みし』（七四年、ＡＴＧ）では庶民の男でゲスト出演させている。

**篠田**　『哥』の撮影現場は『シルバー仮面』の（コダイグループの）スタッフが多かったです。僕が演じたのは、代々続く家を守っていく使命感に取り憑かれた青年で、最後は死んでしまう。

（注四）タケダアワーはＴＢＳ日曜夜七時から七時半までの武田薬品工業一社提供枠のこと。『月光仮面』から『隠密剣士突っ走れ！』（七三年十二月三〇日～七四年三月三一日）までの全二一作。『ガッツジュン』七一年四月十一日～十一月二一日。

（注五）七二年十月九日～七三年四月九日。

（注六）円谷プロ出身の技術者を中心に設立された映像制作会社。

でも僕が、実相寺監督の意図を汲んで演技をしたかというと……どうなんでしょうね。ただ、実相寺組には温かさがありました。撮影の中堀（正夫）さんを始め、みんな実相寺さんをリスペクトしていましたね。そういう意味で、良いスタッフが集まっていましたね。

『シルバー仮面』の後、橋本は『ウルトラマンA』第二〇話「青春の星 ふたりの星」に篠田一郎という青年役でゲスト出演させている。この頃『ウルトラマンA』は前作ほどの視聴率を上げることが出来ず、局内でも〝行き詰まっている〟という意見があったという。橋本としては、新シリーズにつなげるために、次の主役は篠田三郎でいくという意思を表明しておく必要があったのだ。そして主役起用については賛成の声が多かったという。

**橋本**　あれ（「青春の星 ふたりの星」）はテストケースでした。『ウルトラマンタロウ』には、篠ちゃんを中心とした、青年らしい溌剌さと言うのかな、そういう雰囲気を入れていきたいと思ったんで、篠ちゃん推しでいったんです。

篠ちゃんに「ウルトラマンの主役をやらないか？」と尋ねた時に、ひょっとしたら断られるんじゃないかと思ったんですが、喜んでやってくれました。篠ちゃんが出てくれたお陰で、周囲に『ウルトラマンタロウ』という新しい路線をわかってもらえたということはありますね。

**篠田**　『ウルトラマンA』の時、沼津にスカンジナビア号という船が停泊していたんです。ホテルとして使われていたんですが（注七）、そこで一日中ロケをしました。あの頃は、高峰（圭二）さん（北斗星司役）も僕も若かったので、お互いに対抗心があったような気がします。今見ると、二人がにらみ合っている時、僕の方は粋がっている感じがしますね。

東光太郎は、オーディションではありませんでした。橋渡しは大映テレビ室だったと思います。

一部資料では、篠田がオーディションを受けたという記述がある。しかし橋本は篠田ありきの番組だったと証言しており、オーディションに立ち合った記憶もないそうである。

朝日奈隊長役には、飄々とした演技が特徴の名バイプレイヤー名古屋章が起用された。『帰ってきたウルトラマン』ではナレーションを担当していた。円谷プロでは、隊長役は新劇出身者が多かったが、名古屋もそうである（注八）。彼を強く推したのも橋本洋二だった。『KODANSHA Official File Magazine ULTRAMAN VOL.5』で橋本は、キャスティングに関し以下のように証言している（インタビューと構成は筆者）。

橋本　『ウルトラマンタロウ』について言えば、篠ちゃん（篠田三郎）と名古屋（章）さんのキャスティングをしておけば、あとは大体上手くいくんじゃないかなという予想が僕の中にありました。それは『怪奇大作戦』のとき、原（保美）さん（引用者注・SRI所長の的矢忠役）をキャスティングしたときにわかったことなんですよ。僕は単なるファンとして

（注七）
「青春の星ふたりの星」ロケ地として使用されたスカンジナビア号は、一九二七年にスウェーデンで進水したクルーズ船（当時の船名はステラ・ポラリス）。七〇年沼津で海上ホテルとして営業開始。ホテルとしての営業終了後の二〇〇六（平成十八）年、曳航される途中、和歌山県潮岬沖で老朽化のため沈没した。

（注八）
文学座出身。なお『ウルトラマン』ムラマツ隊長役の小林昭二と『帰ってきたウルトラマン』加藤隊長役の塚本信夫は俳優座、『ウルトラマンA』竜隊長役の瑳川哲朗は青俳出身。

原さんを押さえてもらったんですが、スタッフの有り様を見ているとね、原さんの重みというのはものすごいんですよね。例えば出演者でいえば、原さんで全体のバランスがとれているんだ。名古屋さんのスケジュール、最初は無茶苦茶でやれるはずがない、というような状況だったんだけれども、そのときのマネージャーに、名古屋さんは地方公演もあって無理なのはわかっているけれども、やっぱり名古屋さんがいないと全体の見通しがつかないから出てくれ、副隊長みたいなものを置くし、ともかく名古屋さんが隊長だということをちゃんと形にしてくれ、とよく頼んだんですね。そうしたら名古屋さんは割とノッて出てくれたみたいで、それはありがたかったです。

この証言は興味深い。副隊長のキャラクターは企画書『ウルトラジャック』ですでに登場している。つまり最初期から隊長役は名古屋章ありきだったということだ。

**篠田** 名古屋さんは、よくテレビで拝見していた方です。『刑事くん』にもレギュラーで出演されていました(注九)。実は僕も、オープニングだけですが『刑事くん』に出ていましたから(注十)、一緒にやれるのが楽しかったです。ただ名古屋さんは舞台などもあり、お忙しくて、毎回出演とはいかなかったようです。

プロデューサーの橋本さんは、僕達役者には「喜怒哀楽を出して欲しい」と仰っていました。何を考えているのかわからない芝居は、お嫌いだったんですね。名古屋さんは、喜怒哀楽を出

(注九)『刑事くん』七一年九月六日〜七六年十一月二九日(全四部)。名古屋章は係長の時村重蔵を演じた。

(注十)第二部第十七話では本編に出演した。

す方でしょう。副隊長役の東野英心（孝彦）さんもそうですね。

橋本さんは、自分をテレビ界にいざなって下さった方で、僕にとっては恩人です。その当時TBSに顔を出すと、お忙しいのにわざわざ時間を取って下さって、局内の喫茶室で話を聞いて下さる方でした。そこで偶然、市川森一さんにお目にかかったりしましたね。そんなご縁もあって、市川さんが脚本を書いた東芝日曜劇場にも出していただきました（注十一）。その後も市川さんには本当にお世話になりました。

副隊長の東野孝彦（後の英心）は、人気テレビ時代劇『水戸黄門』（注十二）で初代の水戸光圀を演じた東野英治郎の息子である。東野は『ウルトラマンタロウ』の後、NHK大河ドラマ『花神』（注十三）で井上聞多（井上馨）を好演した。同作では篠田三郎が吉田松陰を演じた他、西田隊員を演じた三ツ木清隆、ナレーションの瑳川哲朗も出演している（注十四）。『ウルトラマンタロウ』のメイン監督を務めた山際永三は、東野の印象を次のように語った。

**山際**　東野さんは、当時すでに相当キャリアのあった俳優さんでした。ですから副隊長役はちょっと気の毒でしたね。でも喜んでやってくれました。それで円谷プロの作品は、本編でも火薬とかの仕掛けがあって、役者を待たせるんですよ。そんな時、みんなブーブー言い出すんですが、東野さんは役者達を誘って屋上とかに行ってね、いい空気を吸って体操したりして、その場の雰囲気を和ませてしまう。現場の統率役でしたね。東野さんには感謝しています。

（注十一）
『東芝日曜劇場』五六年十二月～二〇〇二年九月。
市川森一脚本の「みどりもふかき」（七五年六月二二日）、「霧の日の童話」（七六年十二月五日）、「牛を売りに来た女」（七九年十一月十一日）の三本。

（注十二）
六九年八月四日～八三年四月十一日（東野英治郎版）。

（注十三）
七七年一月二日～十二月二五日。

（注十四）
それぞれ江幡五郎、豪商の白石正一郎役。

東野の代表作と言えば、「てめぇの馬鹿さ加減にはなぁ、父ちゃん情けなくて涙が出てくらぁ！」の台詞が有名な〝あばれはっちゃくシリーズ〟（注十五）だが、山際はそのメイン監督となる。

完成作でZATと命名された防衛隊の隊員は、朝日奈隊長をはじめ、飄々とした演技の役者が集まっている。北島隊員役の津村秀祐（現・鷹志）、南原隊員役の木村豊幸、西田隊員役の三ツ木清隆。篠田を含めた隊員達のアンサンブルも『ウルトラマンタロウ』の魅力の一つだ。

**篠田**　木村さんは子役出身で芸歴も長く、東宝の青春テレビ映画などで活躍しておられて人気がありました（注十六）。兄貴分という感じでしたね。子役出身と言えば、三ツ木清隆さんもそうでした。

**山際**　木村さんは、ちょっと田舎っぺ的な面白いキャラクターをお持ちでした。

三ツ木清隆は、六七年に宣弘社制作『光速エスパー』（注十七）の主役を演じ、お茶の間の人気者になっていた。『ウルトラマンタロウ』の頃は、大和企画制作の『白獅子仮面』とスケジュールが重なっていて、京都での撮影が終わると、夜十時過ぎの夜行列車「銀河」に乗っ

（注十五）『俺はあばれはっちゃく』（七九年二月三日～八〇年三月八日）から『逆転あばれはっちゃく』（八五年三月二日～九月二一日）までの全五作。テレビ朝日系列。東野英心は主人公の父親役。

（注十六）日本テレビ系列の『青春とはなんだ』（六五年十月二四日～六六年十一月十三日）、『これが青春だ』（六六年十一月二〇日～六七年十月二二日）など。

（注十七）六七年八月一日～六八年一月二三日、日本テレビ系列。

て朝六時に東京に着く。そこで迎えのマネージャーとともに『ウルトラマンタロウ』本編の撮影が行われていた東京映画まで通う毎日だったという（注十八）。なお、三ツ木のスケジュールについては後で改めて説明する。

**篠田**　僕の印象では、一番役作りに熱心だったのは津村さんでした。劇団雲の出身で、お父さんが映画評論家の津村秀夫さん（注十九）。新劇出身ですから、結構理論派なんです。怪獣についての背景とか、ご自分の演技プランを台本に書き込んでおられたのを覚えています。凄いな、新劇の人はこうやって深堀りをして演技を組み立てていくんだなと感心しきりでした。津村さんとは『タロウ』の後も長くお付き合いさせていただきました。

**山際**　津村さんのお父さんは、朝日新聞の記者時代、Qの名で映画評論を書いていたんです。ああ、彼の息子か、苦手だなあ、と思っていたんですが、会ってみるととっても映画好きの青年で、ロケバスでは、映画の話ばかりしていました。

森山いずみ役の松谷紀代子は、子役時代から塩野義製薬のセデスのCMでよく知られており、爽やかな笑顔が魅力だった。

**篠田**　『ウルトラマンタロウ』の頃は、別のドラマの撮影もあったりで忙しく、自分のことで

（注十八）ニュースサイト『テレ朝POST』の三ツ木清隆インタビュー（二〇二一年六月一日）より。

（注十九）一九〇七～八五。第二次大戦中、小林秀雄や亀井勝一郎らが参加したシンポジウム「近代の超克」のメンバーでもある。

精一杯で、木村さんにしろ、松谷さんにしろ、あまりコミュニケーションが取れなかったんですね。今にして思えば、気配りが足りなかったかなと反省しています。

最後に番組のナレーターについてだが、当初予定されていたのは『ウルトラマン』（第二〇話以降）『ウルトラセブン』『ミラーマン』『ジャンボーグA』で、抑揚の効いたナレーションを披露し、円谷プロ作品の顔とも言える浦野光だった。しかし最終的には、『ウルトラマンA』でTACの竜五郎隊長を演じた瑳川哲朗がキャスティングされた。瑳川のバリトンで、どこか温かみのある声質は、都会的で硬質な浦野光よりも『ウルトラマンタロウ』の作品世界に合っている。なお、浦野光の名は第二、三話最終稿（印刷日は同じ）まで残っている。

## ウルトラの母は太陽のように

『ウルトラマンタロウ』は、『ウルトラマンA』が第一話から第三話まで別々の脚本家（市川森一、上原正三、田口成光）が担当したのと異なり、第三話まで田口成光一人が担当している。企画書も前記のように田口一人の執筆である。『ウルトラマンA』では、企画書も市川、上原、田口が書いたものを市川がまとめており、結果としてかなり複雑な設定になってしまった。しかも肝心の敵である異次元人ヤプールに関しては、市川の意図を他の二人が完全に理解出来なかったこともあり、初期はややバラバラなテイストのエピソードが並んでしまった。その反省から、『ウルトラマンタロウ』では企画書も初期話数も田口が担当することで、番組の基本設定を固める狙いが見てとれる（注一）。

以下は、第三話までの脚本の印刷日である。第一話「ウルトラの母は太陽のように」準備稿七三年一月十日、決定稿同月十六日、第二話「絶体絶命《ピンチ》！ウルトラマンタロウ」準備稿二三日、第三話「ウルトラの母は強し！」準備稿二六日、第二話「その時、ウルトラの母は」（タイトル変更）決定稿および第三話「ウルトラの母はいつまでも」（タイトル変更）決定稿三〇日、第一話「ウルトラの母は太陽のように」最終稿二月六日、第二話「その時ウルトラの母は」最終稿および第三話「ウルトラの母はいつまでも」最終稿同月七日。

このように初期三話までは準備稿、決定稿、最終稿と改稿が重ねられており、世界観が入念に練られていったことがわかる。また、プロローグで記したようにクランクインは一月二五日で、第一話の最終稿はまだ印刷されていない。したがって山際永三が撮影台本として使用したのは決定稿である。ただし十六日印刷の決定稿ではなく、それに修正を加え、改めて印刷したものだ（仮に第二決定稿とする。印刷日は不明）。

つまり第一話最終稿は、番組スタッフ以外の関係者への配布用で、内容は第二決定稿に山際がさらに修正を加えたものになっている。

また、第一話準備稿に番組タイトルは印刷されておらず、空白のままだ。配役の欄にはウルトラマンXという仮のヒーロー名が載っている（注二）。『ウルトラマン』や『ウルトラセブン』

（注一）
『帰ってきたウルトラマン』では上原正三が第七話までの脚本を一人で担当した。

（注二）
他のウルトラ兄弟は〝ウルトラゾフィ〟〝ウルトラセブン〟〝ウルトラ新マン〟〝ウルトラマンエース〟と記載がある。

は、商標登録の関係で、当初『レッドマン』という仮タイトルで制作準備が進み、脚本の表紙にもそれが印刷されていたが、今回は空白。これはシリーズで初めてのケースである。表紙にウルトラマンタロウと印刷されるのは第二話準備稿からで、つまり正式なタイトルは一月十日以降、二三日以前に決定したことになる。

ここでZATの名称について少々説明しよう。『帰ってきたウルトラマン』以降、防衛組織の略称はアルファベット三文字というパターンが出来上がっていた。そこで『帰ってきたウルトラマン』のMAT、『ウルトラマンA』のTACに続き、『ウルトラマンタロウ』の防衛組織はZATとなった。正式名称は〝Zariba of All Territory〟である。以下、『オール・ザットウルトラマンタロウ』から、満田穧の証言を引用しよう。

満田　当時、MAT、TAC、MACといった英語3文字を並べた防衛隊のネーミングは、TBSサイドで決めていたのですが、「後付けで、なんとか意味を考えてよ」って。当時、編成局にいた樋口祐三さん、『マン』（引用者注・『ウルトラマン』）で一緒に監督をしていた先輩（注三）から頼まれてね。それで、辞書で色々調べたところ、Zaribaという単語を見つけたんだけど、これはスーダン地方で野獣から身を守るための囲いという意味で、「あ、これは防衛という意味付けに繋がるな」と思って。それと、防衛するのは日本だけに限らないよということで、「All Territory」。

（注三）
満田はTBSでアルバイトのADをしており樋口とともに〝円谷一組〟のメンバーだった。樋口は『ウルトラマン』のプロデューサーを務めながら四エピソードを監督。海堂太郎のペンネームで脚本も執筆した。

ＺＡＴは劇中、宇宙科学警備隊と呼ばれるが、それは企画書で宇宙怪獣、宇宙人と戦う防衛組織として設定されていた名残である。

第一話「ウルトラの母は太陽のように」は、東光太郎が海外での放浪生活を終え、日本に帰って来るシーンから始まる。光太郎を乗せたタンカーの船長、白鳥潔を演じたのは中村竹弥。歌舞伎出身で、草創期のテレビ時代劇スター第一号と言われた大物である。この頃は大ヒットした『大江戸捜査網』（注四）で旗本寄合席隠密支配の内藤勘解由《かげゆ》を演じ、重厚な芝居を見せていた。

完成作では、光太郎は船室に母親の写真を置き忘れるが、準備稿では、光太郎は両親を怪獣に殺され、五年間ヨーロッパで暮らしていたという過去が白鳥船長の口から語られる。また、さおりと健一が父親を埠頭で出迎えて、そこで光太郎と出会うことになっている。

**山際**　白鳥船長に中村竹弥さんをキャスティングしたのは円谷一さんです。

**篠田**　中村さんは、こどもの頃からテレビで見ていた時代劇のスターでした。残念ながら、一回しか出演されませんでしたが、印象は強く残っています。

光太郎は白鳥船長からもらった、百年に一度しか咲かないと言われるチグリスフラワー（準備稿ではアストロフラワー）の球根を埋め立て地に植える。すると海中から超獣オイルドリ

（注四）七〇年十月放送開始。東京12チャンネル（現・テレビ東京）系列。

ンカーが出現し、石油タンクのオイルを吸い始めた。早速ＺＡＴが出動するが、攻撃すると引火する恐れがあるので手を出せない。それを見た光太郎は埠頭のクレーンの操縦席によじ登り、フックをオイルドリンカーの首に引っかけて動きを封じる。ＺＡＴは好機とばかり攻撃を開始するが、クレーンの鎖がちぎれ、超獣は東京湾に逃げていった。

**山際**　『ウルトラマンタロウ』は、まず第一話を撮って、それから第二話、第三話の前後編を撮りました（注五）。第一話の特撮は佐川和夫さんがやってくれました。第一話で光太郎が、超獣の首にクレーンで鎖を巻き付けるシーンがあったんですね。鎖が切れるところはいいんですが、巻き付くところがチャチで、それを佐川さんに言ったら、「いや、あれは縮尺を何分の何で作っているから、それでいいんです」（注六）と言って聞かないんです。僕は縮尺とか、そういうことを言ったわけじゃなかったのですが。

夜、光太郎が元の埋め立て地に行くと、チグリスフラワーの花が無数に咲き誇っている。光太郎は大喜びするが、実はその下には宇宙大怪獣アストロモンスが眠っていたのだ。再び出現するオイルドリンカー。と、地下からアストロモンスが現れ、腹部の巨大なチグリスフラワーでオイルドリンカーを飲み込んでしまう。これは前作に登場した超獣より強い怪獣を出さなければならないという必要から生まれたシーンだ。

責任を感じた光太郎は、アストロモンスの足にしがみつくが、怪獣はそのまま大空高く舞

（注五）
クランクインは第一話からだが、全てを撮り終えてからではなく、第二、三話の途中で数日、第一話のロケが入っている（巻末の山際組撮影スケジュールを参照）。

（注六）
クレーンのミニチュアの尺度に、鎖も合わせたという意味。

い上がった。光太郎は払い落とされ、ゴルフ練習場のネットへ落下、その後地面に叩きつけられる。これは決定稿から登場するシーンで、準備稿ではアストロモンスが数メートル上がったところで、光太郎が叩き落とされる流れだった。

**山際**　怪獣（アストロモンス）の足の一部を実際に作って、そこに光太郎をしがみつかせて撮ろう、という話になったんですよ。つまりね、『ほら吹き男爵の冒険』（注七）と同じように、突拍子もない話にして、幼稚園の子どもをビックリさせようという狙いがありましたね。光太郎がゴルフ場のネットに落下するのは、僕のアイディアです。

翌朝、白鳥さおり（あさかまゆみ、現・朝加真由美）と健一、登校中の小学生が気を失った光太郎を発見する（準備稿でこのシーンに白鳥姉弟は登場しない）。さおりが傷にハンカチを巻いていると、小学生が呼んで来た緑のおばさんが登場する。

不思議なことに緑のおばさんは、光太郎の死んだ母にそっくりだった。おばさんも、自分の息子に似ていると言い、光太郎の右腕に星形のバッジを付けてやる。

緑のおばさんの正体はウルトラの母である。演ずるは大スターのペギー葉山。二〇〇八年四月にCSファミリー劇場で放送された「ウルトラ情報局 ペギー葉山」（注八）で彼女は、ウルトラの母にキャスティングされた経緯について語っている。まずは夫である根上淳が『帰ってきたウルトラマン』で二代目MAT隊長の伊吹を演じたことを挙げている。そして大ヒッ

（注七）
十八世紀の実在のプロイセン貴族、カール・フリードリヒ・ヒエロニムス・ミュンヒハウゼンが語ったとされる奇想天外な話を集めたもの。

（注八）
『ウルトラマンタロウ』Blu-ray Boxに特典映像として収録。

トしたミュージカル映画『サウンド・オブ・ミュージック』（六五年、監督・ロバート・ワイズ）の劇中歌「ドレミの歌」の日本語詞をペギーが担当し、これも大ヒットしたため、児童向け番組への出演が多く、そのイメージが一般的だったからではないかと証言している。

しかし撮影現場では、ウルトラの母という、大きなテーマの役をどう演じていいかわからず、監督の山際永三に相談したという。すると山際は以下のように答えたという。

ペギー「いや、もうそんなに悩まないで、歌っているペギーさんのイメージで、それでいいんですよ」って仰って下すって、「普通っぽくやって下さい」って、「それが一番大事なんです」って言われまして。「あ、そうか」と思って、私も、じゃあもう悩まないで、私もそのまま、今あなたにお話ししているように、お話しをすればいいなって、演じればいいんだなって。（「ウルトラ情報局 ペギー葉山」より）

**山際**　ペギーさんは、僕より一つ年下だったんですね。（第一話の）ロケの日は、綺麗な青空でした。それでペギーさん、なかなかロケバスから降りて来ないんですよ。しばらくして、きっちりとメークして出ていらっしゃいました。後で熊谷（健）さんから聞いた話では、この役は、ご本人も喜んでおられたそうです。

**篠田**　ペギーさんは、本当に温かく、ウルトラの母のような方でした。不思議なことに、その後ホテルとか新幹線で、偶然お目にかかる機会が多かったんですよ。新幹線でお目にかかった時は、ペギーさんが「こっちへいらっしゃいよ」と席に誘って下さって、一緒にお酒を飲んだこともあり、良い思い出です。

**山際** 緑のおばさんは、光太郎の傷口から血をすするんですよ。これは田口（成光）さんのアイディアだと思います。それには彼の原体験があると聞きました。こういうことは母親が子どもによくするよね。これには橋本さんも喜んだし、僕もいいアイディアだと思いましたよ。

**田口** 傷口から血をすすることで、光太郎の血がウルトラの母の体内に入るわけですよ。ドラキュラじゃないけど、血の交換ですね。これで親子の絆が出来たという意味でした。

光太郎と緑のおばさんが出会うシーンに流れる劇伴が素晴らしい。音楽は当初、冬木透が予定されていたが、これまでとは違う雰囲気が欲しいという橋本洋二の意見で、同じく橋本プロデュースの『シルバー仮面』を担当した日暮雅信《ひぐらし》が抜擢された。このシーンで流れる劇伴は、春の包み込むような太陽の光を感じさせ、ウルトラの母の母性とリンクする。この名シーンの決め手が日暮の音楽であったことは間違いない。

日暮が『ウルトラマンタロウ』に提供した劇伴は、全体的にどこかのんびりしていて、いわゆる第二期シリーズの中では異彩を放っている。番組全体を包むどこか暖かいムードは、劇伴の力も大きい。

しばらくして、光太郎の姿はZAT基地にあった。新隊員として加わることになったのだ。そこへ再びアストロモンスが現れ、基地を襲う。ZATが出動して攻撃を開始するが、怪獣を自分の手で倒したい光太郎はスワローで無謀な攻撃を仕掛け、機は爆発炎上する。

ZATに入った光太郎は首に白いスカーフを巻いている。これは『ウルトラマンタロウ』の撮影前、篠田が『ウルトラマンA』の現場見学に行った際、北斗星司役の高峰圭二がスカーフをしていたのを見て取り入れたものだそうだ。

死線を彷徨《さまよ》う光太郎を新しい世界に導いたのはウルトラの兄弟達だった。そしてウルトラの母が、光太郎をウルトラマンタロウとして蘇生させた。

特撮シーンは『ウルトラマンA』に引き続き東宝撮影所で撮影が行われた。篠田の記憶では、ウルトラマンタロウ誕生のシーンは、まず地面に横たわる光太郎をウルトラの兄弟達が見ているシーンから撮り、その後、誕生シーンのためにピアノ線で吊られたという。篠田は、テキパキと自分達の仕事をこなす特撮スタッフに感心したという。

ウルトラマンタロウ誕生のシーンで、ウルトラの母が現れる。ただしこの時はスーツ制作が間に合わず、ウルトラマンを改造して黒く塗ったものが使われた。したがって、姿をはっきり見せることが出来ず、燃えさかる太陽をバックに、母をシルエットにすることで表現された。

**山際**　（ラストの）ウルトラの母のシーンは、母が台詞を言うから本編扱いなんです。だから撮り方を教えてくれと佐川さんに尋ねたら、白バックで撮ればいい、と言われてやったんですが、全然上手くいかなかったんです（注九）。佐川さんの撮った方（光太郎が命を授かるシーン）は、母が手を広げると、その後ろでマントがヒラヒラと揺れているんですね。その向こうに真っ赤に燃える太陽がある。こういう合成カットは、佐川さんの得意分野でした。

エピローグは、朝日奈が光太郎に下宿先を紹介するシーンだ。白亜の西洋館から出て来た人物は白鳥船長だった。そして白鳥姉弟の姿もそこにあった。

**篠田**　白鳥家は、成城学園前駅の近くにあったお宅をロケセットにしました（注十）。本当におしゃれな家でした。撮影は外観だけだったと記憶していますが、時々中も使ったかもしれません。

第一話の素晴らしいところは、正味二三分三五秒（番組フォーマットより。実際は多少前後する）の本編にイベントがぎっしりと詰め込まれ、登場人物のキャラクターも描き分けられていることだ。山際永三は語る。

**山際**　田口さんは苦労してよくやってくれたと思います。何しろ色んなエピソードを詰め込ん

（注九）
山際組のスケジュールには〝黒バック〟の撮影が入っている。これが、おそらくウルトラの母のシーンであろう（巻末の撮影スケジュール参照のこと）。

（注十）
現在は取り壊されている。

でいるんだけど、破綻のない脚本に仕上げてくれました。本当に、田口さんのお陰です。
熊谷さんには、一話で予算を使い果たしたと言われましたよ。当時のお金で一二〇〇万円。
熊谷さん、会社に予算を使いすぎだ、と怒られたようです。

第一話はパーマネントセット、衣装、ミニチュアの制作費なども含まれるのだろうが、それにしても当時としては巨費である。

## タイトルバックの特撮

ウルトラの父と母、そしてウルトラマンタロウという印象的なフレーズから始まる主題歌の作詞は、人気作詞家の阿久悠《あくゆう》が担当した。作曲は、これもまた売れっ子だった川口真《まこと》、歌は武村太郎（福沢良一）と少年少女合唱団みずうみ。思えば阿久悠は、シリーズ初期（タケダアワーの頃）の代理店である宣弘社の企画部員だった。そこにある種の運命を感じるのは筆者だけだろうか。

勇壮な主題歌に乗ってブラウン管に映し出されるのは、メタリックなZAT極東支部の内部。カメラが移動してスーパーメカの格納庫に近づくと、ゲートが真上と左右に分かれ、ZATの誇るスカイホエールがレールに乗って発進用のエレベーターへ向かっていく。続いてスーパースワロー、コンドル1号、アンドロメダ、ペルミダーII世、そしてアイアンフィッシュが次々と紹介されていく。ホエールはエレベーターに乗って上昇、スワロー、コンドルはそれぞれ左右の扉から移動し、エレベーターに乗る。二機は回転しつつ、ゆっくりと上昇していく。そして発進ポートの扉が開き、ZATのスーパーメカが大空に飛び出していく。最上部からはドラゴンが垂直上昇、最後は、霞が関にそびえ立つZAT極東支部から各メカが出撃するロングショットとなり、タイトルバックは終わる。

『ウルトラマンタロウ』のオープニングは、『ウルトラマン』以来のシルエットによるキャラクター紹介をやめ、ZATのスーパーメカが基地から発進する映像に改められた。前記の通り、これはマーチャンダイジングのためで、凝りに凝った発進シーンが視聴者の目を楽しませた。

前作『ウルトラマンA』の特撮は、撮影、照明の技術スタッフ、そして演出部も込みの発注を円谷プロが行い、東宝映像が下請けした。特殊美術、操演、特殊技術などは、東宝美術特殊美術部（特美）扱いなので、東宝映像からさらに東宝美術へ孫請けされていたわけである。しかし本作は、特美関係のみの発注だったため、円谷プロから直接、東宝美術に発注され、美術の青木利郎、特殊効果の渡辺忠昭、操演技術の小川昭二らが中心となって担当した。同時期、東宝映像は『流星人間ゾーン』を制作しており、その関係だったかもしれない。

当時の東宝では映画産業の凋落に伴う分社化を進めていたが、青木、渡辺、小川の三人は、特美がまだ東宝映画特殊美術課だった頃からの社員で、黄金期の円谷英二特撮を支えた生え抜きだった。

青木利郎は新東宝の大道具出身で、五九年『日本誕生』（監督・稲垣浩、特技監督・円谷英二）から美術助手として参加した。特撮界の名デザイナー井上泰幸が『ゴジラ対ヘドラ』（七一年、監督・坂野義光、特殊技術・中野昭慶）を最後に退職した後、特殊美術部門のトップに立った人物である。

渡辺忠昭の映画デビューは、青木同様『日本誕生』。円谷英二と同じ福島県出身で、父親が軍隊時代、英二の上官だった関係で東宝に入社。特殊技術課に配属され、火薬効果を担当していた山本久蔵の助手になる。山本の定年退職後は特殊技術のチーフとして数々の特撮映画を担当し、二〇〇〇年に定年退職。円谷英二を〝つむらやの親父〟と正しく呼べる数少ないスタッフであった。

渡辺には一代記が書けるほど数々の逸話があるが、この場では特撮における功績をいくつか挙げてみよう。なお、特技監督は全て円谷英二である。

六一年の『世界大戦争』（監督・松林宗恵）では、ジェット戦闘機の噴射炎に四塩化チタンを使用。六三年の『青島要塞爆撃命令』（監督・古澤憲吾）では、火薬の上にセメントを載せて、従来よりも派手な爆破シーン（セメント爆発）を考案。六九年の『緯度0大作戦』（監督・本多猪四郎）では、潜水艦の水流にフロンガスを初めて使用した。

円谷プロ作品で、ミニチュアの噴射炎はそれまで火薬を使用していたが、渡辺は『緯度0大作戦』の経験から、スカイホエールのそれにフロンを使用し、従来よりもリアルな効果を上げた。

小川昭二は、円谷英二の戦中の作品『加藤隼戦闘隊』（四四年、監督・山本嘉次郎）にも参加したベテラン中のベテラン。円谷英二の懐刀と言われた初代操演技師、中代文雄の下、後輩の松本光司（筆者の操演助手時代の親方であった）とともに助手を長く務めていた。七〇年『激動の昭和史 軍閥』（監督・堀川弘通）で操演技師に昇格。定年退職後は東宝撮影所の守衛を務めていたが、特機として現場に復帰。九四年『ゴジラVSスペースゴジラ』（監督・山下賢章、特技監督・川北紘一）で操演技師として復帰するが、体調悪化により撮影途中で降板、映像業界から完全に引退した。松本光司によると「昭チャン（小川昭二の渾名）は、一人でコツコツやるタイプ、俺は人を率いる方」だったそうだ。筆者も『ゴジラVSスペースゴジラ』に操演助手として参加していたが、昭和時代の寡黙な職人というイメージだった。

この時期、松本は『流星人間ゾーン』の操演を担当していた。同作の特撮は定時終了が多かったが、『ウルトラマンタロウ』は連日残業だったという。

『ウルトラマンタロウ』第四話「大海亀怪獣 東京を襲う！」、第五話「親星子星一番星」の二本に操演技師として参加した白熊栄次は、渡辺にフロンの使い方を教わり、『スーパーロボット レッドバロン』で改良型を披露している。それはリング状の噴射口からフロンを出し、リングの中心にハロゲン球を仕込むことで、噴射炎に似た効果を表現するという技術だった。白熊が改良を加えたこの仕掛けは、CGがメインとなる時代まで、メカニックの噴射炎の定番として使用され続けた。

ＺＡＴ基地の内部セットは、かなり大きめのミニチュアが作製された。ウルトラシリーズの発進シーンと言えば、『サンダーバード』（注一）の影響を受けた『ウルトラセブン』がまず思い浮かぶ。そこではシャドーを強調した重厚な映像だったが、『ウルトラマンタロウ』では、対照的に明るい光に包まれた軽快なものとなった。

また、タイトルバックで毎回発進シーンを見せることで、劇中にわざわざ挿入する必要がなくなり、その分ドラマや他のシーンに尺を割けるという利点もあっただろう。

なお、第一話から五話まで〝タイトル美術 高橋昭彦〟とクレジットされているが、本人は『ウルトラマンタロウ 大人のためのタロウ読本。』（日之出出版刊）のインタビューで〝ウルトラマンタロウで担当したのはメインキャラクターのデザイングらいで、発進シーンは絶対にやっていない〟と証言し、オープニングへの関わりを全面否定している。

（注一）ジェリー・アンダーソン制作の英国製特撮メカ人形劇。日本での放送は六六年四月十日～六七年四月二日、ＮＨＫ。

## ウルトラの母登場！

第二話「その時ウルトラの母は」、第三話「ウルトラの母はいつまでも」は、第一話と同じく田口成光脚本、山際永三監督。特殊技術は山本正孝である。

ここで番組のメイン監督である山際永三について紹介しておこう。山際は『宮本武蔵』（六一年）、『飢餓海峡』（六五年、ともに東映）などで知られる内田吐夢が新東宝で撮った『たそがれ酒場』（五五年）でフォース助監督としてデビューし、石井輝男、三輪彰らの助監督を務めた。監督デビューは『狂熱の果て』（六一年、大宝）で、その後はテレビ映画の監督として数多くの作品を手がけた巨匠である。代表作は〝チャコちゃんシリーズ（注一）〟〝あばれはっちゃくシリーズ〟など。橋本洋二とは『コメットさん』からの付き合いで、ウルトラシリーズには『帰ってきたウルトラマン』から参加していた。

特殊技術を担当した山本正孝は『ウルトラマン』『ウルトラセブン』などで本編助監督を務めていた。

第二、三話の前後編は、企画書のサンプルストーリーにあったライブキングとコスモリキッドを合体させたものだ。田口の巧みな脚本構成によって、娯楽性もたっぷりの好編に仕上がった。特に第二話の展開は見事であった。豪雨の多摩川源流付近に出現したコスモリキッドは、飯場の作業員達を長い舌で飲み込んでしまう。翌朝の多摩川、トレーニング中の光太郎は、健一と彼の同級生の宏から〝何でも飲み込む不思議な穴〟について説明を受ける。それは〝大怪獣ライブキングの口〟（山際の撮影台本より。第三話冒頭のナレーションは山際が台本に書き込んだもの）だったのである。

液体になって多摩川を下ったコスモリキッドは、アストロモンス戦に続く、西田得意の放電作戦で姿を現す。暴れ狂うコスモリキッドの猛攻で危機に陥った西田を救うため、光太郎はタロウに変身。タジタジとなったコスモリキッドは、誤ってライブキングの口に足を突っ込み、身動きが取れなくなってしまう。タロウがブレスレットランサーをお見舞いすると、

（注一）『パパの育児手帳』（六二年十月十五日〜六三年五月二四日）から『チャコとケンちゃん』（六八年四月四日〜六九年三月二七日）までの全六作。〝ケンちゃんシリーズ〟に引き継がれた。

怪獣はそのままドロドロに溶けて穴の中へ姿を消す。

事件は一件落着に見えた。翌日、光太郎と健一がトレーニングしていると、一緒だったポチ（第一話で光太郎になついた野良犬が、健一の飼い犬になった）が誤って穴に落ちる。その後、突如地面が揺れ始めたため、穴を覗き込んだ光太郎も中へ落ちてしまう。直後に地中からライブキングが出現した。光太郎とポチはライブキングに飲み込まれ、胃袋に閉じ込められてしまったのだ。ＺＡＴは南原の発案でライブキングの土手っ腹に穴を開けることになり、コンドルで高圧パイプ作戦を決行する。高圧パイプは見事怪獣の腹に命中するが、そこから飛び出したのは光太郎とポチではなく、液体化したコスモリキッドだったのだ。

このくだり、準備稿と決定稿ではバキュームカーのホースをライブキングの尻の穴に突っ込み、光太郎とポチ（ポチが登場するのは決定稿から）を吸い出そうという、少々汚い作戦だった。そのため、ライブキングは四足歩行の怪獣という設定になっていた。作戦は決行されるが、液体化したコスモリキッドがホースに詰まり失敗、破裂したホースから液体が飛散してコスモリキッドが実体化するという展開だった。両稿のト書きには、ホースが破裂した後の描写として〝辺一面、モウモウたる黄色い煙に包まれ視界が利かない〟とダメ押し的に書いてある。しかし、さすがにこれは映像化がためらわれたのだろう。

多摩川に出現した二大怪獣、そしてライブキングの胃に閉じ込められた光太郎とポチの運命は？　その時、宇宙のはるか彼方からウルトラの母が地球へ急行していた。

このように第二話は、二体の怪獣の性質に合わせた展開となっている。ユニークなのは、タロウがコスモリキッドを一旦倒すまでが約十六分、残りの尺でタロウは登場せず、光太郎ピンチのまま、ラストにウルトラの母を登場させて次回への期待を盛り上げている点だ。

この前後編も第一話同様、準備稿、決定稿、最終稿が作られている。改稿には山際の意見がかなり反映されていて、脚本が整理されていく過程が見えて来る。

準備稿と決定稿、最終稿でストーリーに大幅な変更はないが、若干相違がある。決定稿では冒頭、キックボクシングジムで光太郎が練習試合を行い、相手にノックアウトされるが、準備稿にはない。当初、光太郎はキックボクサー志望ということになっていた。それを明確にするため、冒頭にこのシーンを持って来たのだろう。目黒ジムでの練習試合では、当時人気絶頂の〝キックの鬼〟こと沢村忠が出演予定だった（注二）。

最終稿では、ボクシングの練習試合と変更された。このシーンと第三話のラストには小説家、スポーツライターの寺内大吉がジムの会長役で特別出演している。寺内は、当時ＴＢＳで放送されていた人気番組『ＹＫＫアワー キックボクシング中継』（注三）の解説者だった。

他の大きな違いは、第二話準備稿のラストでウルトラの母は登場しない。また、第三話の脚本では、朝日奈隊長がライブキングに対し〝ストップ作戦〟を決行する。準備稿でそれは、朝日奈隊長操縦のコンドルから四本の根（準備稿での表記）を発射し、ライブキングの足を地面に固定する作戦だったのに対し、決定稿、最終稿では、コンドルから発射されるのは長い槍で、ライブキングの口を突き抜くと変更されている。槍はそのまま地面に突き刺さり、怪獣を地面に釘付けにする。その後光太郎と南原が、伸ばすと二〇メートルになるマジック

（注二）沢村忠は『帰ってきたウルトラマン』第二七話「この一発で地獄へ行け！」に出演している。

（注三）六八年九月三〇日～七九年三月二六日。

スティックでライブキングの目を狙うという作戦だった。

ZATの特徴は、怪獣の性質に合わせて次々とユニークな作戦を展開することだ。それは第二、三話で顕著である。第二話での放電作戦（成功）、高圧パイプ作戦（失敗）。第三話では朝日奈考案のコショウ作戦（準備稿ではカレー粉を使う）。一トンのコショウをホエールからばらばら撒いてライブキングにくしゃみを起こさせ、光太郎とポチを吐き出させようというものだ（見事成功）。

第三話の二大怪獣戦では、タロウがウルトラフリーザーで怪獣達を凍らせる。それを見たZATはコスモリキッドに対し、ホエールから吊り下げられた巨大な鉄球をぶち当てて粉々にするというパンチ弾攻撃を行う（大成功！）。このシーンでは、直後にタロウがストリウム光線で残ったライブキングを撃破する。他のエピソードでもZATとタロウはこうした連携攻撃で多くの強敵を撃破した。

その後、ライブキングは強靭な生命力で再生を果たす。脚本では、ライブキングが襲いそうな養鶏場にZATが張り込んで最終決戦に挑むという展開だった。しかし完成作品では、餌用の豚や鶏を置いた山中でスピーカーからライブキングの声を流し、怪獣をおびき出す作戦に変更されている。これらは山際永三が改稿した部分だ。最終稿のシーン番号だと#13「養鶏場（朝）」の途中まで、ノンブルで言うとb3からb10まで。ちなみに『ウルトラマンタロウ』に限らず、脚本はaとbに分けてノンブルが振られている。aはタイトル後のAパート（Aロールとも）、bは中CM明けのBパート（Bロール）という意味だ。山際が改稿した部分には、地下の洞窟に響き渡るライブキングの声をZATが録音するシーンがあるが、ここは東京、稲城市にある弁天洞窟でロケが行われた。かつて山際が『コメットさん』第二八話「ぼくたちの秘密」で使った経験のある、馴染みの場所であった。

クライマックスは、駆けつけたウルトラの母とタロウが協力してライブキングを宇宙へ運び、ストリウム光線とマザー破壊光線で粉々にする。本作でタロウの声は篠田が、ウルトラの母はペギー葉山自身が吹き替えている。このこだわりが、ヒーローと演者の一体感を生んでいた。

**篠田**　そういえば『ウルトラマンタロウ』は（同時録音ではなく）アフレコでしたね。僕はタロウの技の名前なんかを叫ぶんです。特に抵抗はなかったですよ。ただ、ペギーさんと一緒にアフレコをした記憶はありません。

再び「ウルトラ情報局　ペギー葉山」から、ウルトラの母のアフレコに関するコメントを紹介しよう。

ペギー　普通の台詞よりも、歌うように、なんかこう、聖母マリアのような、天から聞こえてくる温かい、女の人の声っていう。私は歌い手なもんですから、声がちょっと通るんでね、そういうイメージを自分でして、温かく、明るく、お母さんがこどもに言い聞かせるような、そういう声というか、そういうイメージをね。

この第三話までで『ウルトラマンタロウ』の世界観は確立する。

第三話放送の二日後、四月二二日に、二子玉川園駅（現・二子玉川駅）に隣接する遊園地、二子玉川園（注四）で、〝怪獣供養祭〟というイベントが開催された。二子玉川園ではゴールデンウィークを挟んで〝ウルトラ怪獣大行進〟というイベントが開催されており、その一環として行われた。円谷一の急逝と、この時期、撮影現場での事故が続出したため、これまでヒーロー達が倒した怪獣達を供養しようという企画が生まれたのである。会場では、ギラドラスやダダなど、劣化した着ぐるみを火葬し、怪獣の〝魂〟を天に返した。

当日の司会は岸田森が担当し、歴代ウルトラヒーローの他、ミラーマン、ジャンボーグA、ファイヤーマン、トリプルファイター、レッドマン（注五）達も登壇。さらには篠田三郎、誠直也、立花直樹他、S・A・F、PATの隊員達も登場し、大がかりなイベントとなった。

## さおりの想い

続く第四話「大海亀怪獣 東京を襲う！」、第五話「親星子星一番星」も前後編の大作だった。上原正三脚本、吉野安雄監督、特殊技術は鈴木清である。吉野は『忍者部隊月光』『平

（注四）八五年に閉鎖された。

（注五）『レッドマン』に登場するヒーロー。同作は『おはよう！こどもショー』（六五年十一月八日〜八〇年九月二八日、日本テレビ系列）内の特撮コーナー（七二年四月二四日〜十月三日）。

四郎危機一発』『東京コンバット』(注一)など、アクション系の作品を手がけて来た監督だ。『ウルトラマンA』では第十三話「死刑！ ウルトラ5兄弟」、第十四話「銀河に散った5つの星」という、第一クールと第二クールの橋渡しとなる重要なエピソードを担当した。鈴木清は円谷プロ創立時からのメンバーで、『ウルトラマン』の特撮B班でカメラマンデビュー。『怪奇大作戦』『帰ってきたウルトラマン』では本編の撮影を担当、七三年当時は日本現代企画に所属し、同社制作の『スーパーロボット レッドバロン』でメイン監督を務めた。なお、特撮班の撮影は、後に円谷プロ社長を務める大岡新一、美術は桜井克彦。やはりこの二人も『スーパーロボット レッドバロン』のメインスタッフであった。

『ファイヤーマン』の項で述べたように、前後編が二回連続するのはメインの視聴者である幼年層にとってあまり好ましくないのだが、第二話から第五話までの四エピソードはイベントも多く、視聴者を楽しませようという努力の跡が見てとれる。

海底火山の爆発で出来たオロン島に、二匹の巨大亀が現れた。それは深い地層に埋もれていた古代亀の卵が、地殻変動で地上に飛び出して孵化し、巨大化したものだった。付近の島人達は、この二匹をキングトータス、クイントータスと名づける。彼らはオロン島で平和に暮らしていたが、それを知った日本の興行師は、巨大亀を生け捕りにすべく島に上陸する。

夫婦怪獣という設定は、上原が『帰ってきたウルトラマン』で脚本を執筆した第十三話「津波怪獣の恐怖 東京大ピンチ！」、第十四話「二大怪獣の恐怖 東京大龍巻」を、悪徳興行師は『モスラ』、『モスラ対ゴジラ』を、クイントータス輸送作戦は『キングコング対ゴジラ』

(注一)
『忍者部隊月光』六四年一月三日〜六六年三月三一日、フジテレビ系列。
『平四郎危機一発』六七年十月七日〜六八年三月三〇日。
『東京コンバット』六八年十月一日〜六九年九月二三日、フジテレビ系列。

を思わせ新鮮味がない（注二）。

しかし、クイントータスが産んだ卵のスープを口にした人達にクイントータスが復讐を始めるという展開はユニークで、いかにも上原正三らしい。スープを飲んだ人達の肌には亀甲形の斑点が現れ、激しいかゆみを伴うのだが、なぜクイントータスが彼らを特定出来たかという説明は劇中一切ない。ここは台詞にもある通り〝亀の祟り〟ということで納得するしかないのだろう。

それにしても一介の興行師が、他国の領土で勝手に大亀怪獣を捕獲出来るものだろうか？その疑問は後編で答えが出る。

興行師から卵を取り戻した大海亀夫婦だったが、卵をオロン島に持ち帰ることが出来ない。そこでZATが展開したのが、巨大バスケットで卵を運ぶバスケット作戦である。その決行直前、鮫島参謀（大下哲矢）が、地球警備隊極東支部のスミス長官（ピエロ・カラメロ）を伴ってやって来る。

この地球警備隊という組織がどのようなものなのか、そしてZATとどういう関係なのか、劇中では明らかにされないが、オロン島は長官の国の領土であるという設定だ。長官は、自国の潜水艦や軍艦が安心してパトロールすることが出来ないし、演習の邪魔にもなると、二匹をオロン島へ戻すことに反対する。要するにスミス長官の母国は、日本の興行師が夫婦怪獣を連れ去るのを許可（あるいは黙認）して、厄介払いしたかったのだと推測出来るのである。

（注二）
『モスラ』六一年、『モスラ対ゴジラ』六四年、『キングコング対ゴジラ』六二年、いずれも監督・本多猪四郎、特技監督・円谷英二。

しかし朝日奈隊長は夫婦怪獣をかばう。鮫島は「どうせ相手は畜生だ」と言うが、朝日奈は「畜生だって、子を思う親心に変わりありませんよ」と、作戦を決行する。ホエールによるバスケット輸送は成功し、夫婦怪獣は安住の地へ戻ったかに見えたが、地球警備隊は軍艦で二匹を攻撃、オロン島は海の底に沈んでしまう。

第四、五話の前後編も、第三話までと同様、準備稿、決定稿、最終稿が作られている。後編の地球警備隊による怪獣攻撃シーンは最終稿で付け加えられた。決定稿までは、卵運び籠（脚本の表現）を運んで飛んでいた夫婦怪獣に、自衛隊のジェット戦闘機が攻撃を加えるという展開だった。つまり改稿によって、上原は大国のエゴを表現したことになる。

地球警備隊による攻撃で頭に傷を受け、正気を失ったクイントータスが、再び日本に飛来する。光太郎はやむなくタロウに変身し、クイントータスを倒す。と、母親が命懸けで守った、たった一個残った卵からミニトータスが誕生する。そこへキングトータスが飛来し、タロウに攻撃を始める。しかしタロウは二体を殺すことが出来ない。そこでタロウは、クイントータスの死骸を持ち上げて空に飛ぶ。追おうとするキングトータスとミニトータス。その時、宇宙からウルトラセブンがやって来て、彼らをウルトラの国に運んでいく。ウルトラセブンの登場は嬉しいが、正直いささか唐突だった。そもそもタロウだけで成立する話なのだが、早い時期にもう一度ウルトラ兄弟を出す必要があったのではないだろうか。

上原が『ウルトラマンタロウ』で執筆したのは、残念ながらこの前後編のみ。この二本を置き土産として、上原は長らく円谷プロ作品から離れてしまう（注三）。

（注三）
上原はその後、九七年に『ウルトラマンティガ』（第四九話「ウルトラの星」）、翌九八年に『ウルトラマンダイナ』（第四五話「チュラサの涙」）、〇五年には『ウルトラマンマックス』（第十三話「ゼットンの娘」第十四話「恋するキングジョー」）で脚本を手掛けた。また、〇三〜〇四年にTBSラジオで放送された『ウルトラQ倶楽部』にも四本の脚本を提供した。

**上原**　これはシーモンスとシーゴラス（『帰ってきたウルトラマン』第十三、十四話のこと）のリメイクだね。僕は『ウルトラマン』というのは、結局、金城哲夫の書いた『ウルトラマン』以上のものはないと思っているんだ。僕の『帰ってきたウルトラマン』も結局、金城にはかなわなかったしね。それに『ウルトラマンA』の頃から、ウルトラマンがよくわからなくなって来たんだ。ウルトラ兄弟や、父とか母まで出て来ちゃってね。だから二本しか書いていないんだけど、それからは東映が僕を放してくれなかった。

以後、上原は主戦場を東映に移し、市川森一をして「長かったね、上原の東映。他の追随許さなかったよね」（注四）と言わしめる活躍で一時代を築くのである。

最後に特撮について解説する。本エピソードの操演を担当した白熊栄次によれば、円谷プロで特撮が間に合わなくなったので、この二本だけ日本現代企画が請け負ったということだった。これについては『ウルトラマンタロウ 大人のためのタロウ読本。』所収の、鈴木清の証言が詳しい。以下、引用しよう。

鈴木　『タロウ』には急遽参加となったという事情もありまして。それでも基本的にはウルトラマンのシリーズですから、これまでと極端には違わないだろうと。とはいえ〝本家〟の円谷プロと比べて「やっぱり（日本）現代企画じゃ本家にはかなわないなぁ」なんて言

（注四）拙著『怪奇大作戦大全』（荻野友大、なかの★陽との共著）所収の市川森一インタビューより。

われ方はしたくありませんから、総力を挙げて死に物狂いで取り組みました。撮影は（引用者注・日本現代企画の）2ステージをフル回転させ7日間ぐらいだったと思いますが、そのうち3日ぐらいは徹夜だったんじゃないですかね。（中略）主たる舞台は海で、この話のために、現代企画の大きい方のステージにプールを増設したんです。実はこの話以外にも、あと何本か現代企画のほうで撮る予定があったらしくて、『タロウ』のために造ったんですけど、どこでどう話が転がったのか、結局はこの2話分しか撮らなくて。それでプールを造った分だけ赤字になっちゃった。（中略）あのオロン島が沈んでいく描写は上原さんの沖縄人としての思いを、もしかしたらオロン島は上原さんにとっての沖縄なのかもしれないというような思いを汲んで撮っていました。

二本持ち特撮のスケジュールがはっきりしているのは第二〇話「びっくり！怪獣が降ってきた」、第二一話「東京ニュータウン沈没」で、撮影に十日間かかっている（注五）。第四、五話は水関係の特撮があり、操演も手間のかかる仕掛けを行っているので、二本持ち前後編で七日とはかなり過酷なスケジュールだ。これについて、筆者は鈴木に連絡を取り、補足説明してもらった。

**鈴木**　この年、私はテレビの『子連れ狼』（注六）の第一話を撮影したんですが、主役のキャスティングでトラブルがあり、一ヶ月クランクインが遅れたのと、円谷プロは納品日厳守ということ

（注五）山際永三の撮影スケジュールより（巻末に掲載）。

（注六）七三年四月一日～九月三〇日（第一部）、日本テレビ系列。

もあったと思います。

鈴木は同時期に『アイアンキング』（注七）の最終回二部作、第二五話「アイアンキング大ピンチ！」、第二六話「東京大戦争」の特殊技術も担当しており、その影響も考えられる。

なお、鮫島参謀を演じた大下哲矢は、この後『スーパーロボット レッドバロン』で、科学秘密捜査隊SSIの隊長、大郷実役でレギュラー出演することとなる。

続く第六話「宝石は怪獣の餌だ！」は田口成光脚本、筧正典《かけひまさのり》監督、特殊技術は川北紘一《こういち》である。予告では「怪獣は宝石がお好き」と紹介されているが、それは決定稿のタイトルである。予告のナレーション収録後に変更されたのかもしれない。

筧正典は東宝出身で〝サラリーマン出世太閤記シリーズ〟や〝お姐ちゃんシリーズ〟（注八）といった娯楽作品を手がけた職人監督。『帰ってきたウルトラマン』からシリーズに参加して『ウルトラマンA』ではメイン監督を務め、『ウルトラマンレオ』まで担当した。

『ガンヘッド』（八九年、監督・原田眞人）や〝平成ゴジラシリーズ〟（注九）の特技監督として世界的に有名な川北紘一は、『ウルトラマンA』第二一話「天女の幻を見た！」でデビューした。『ウルトラマンタロウ』では、第六話と第七話「天国と地獄 島が動いた！」のみの参加。川北は東宝分社後、本社からの出向という扱いで東宝映像に所属していた。したがって円谷プロは、東宝映像から川北を二本契約で〝借り受けた〟形となる。

川北は〝『ウルトラマンタロウ』は東宝の大ステージで撮影したが、タロウのスーツが一

（注七）七二年十月八日〜七三年四月八日。

（注八）〝サラリーマン出世太閤記シリーズ〟は『サラリーマン出世太閤記』（五七年）から『サラリーマン出世太閤記・完結篇 花婿部長No．1』（六〇年）までの全五作。筧は全作を監督。〝お姐ちゃんシリーズ〟は『大学のお姐ちゃん』（五九年、監督・杉江敏男）から『お姐ちゃん三代記』（六三年、監督・筧正典）までの全八作。筧は他に二作を監督。

（注九）一般に『ゴジラVSビオランテ』（八九年、監督・大森一樹）から『ゴジラVSデストロイア』（九五年、監督・大河原孝夫）までの全六作を指す。

着しかなく、別班と掛け持ちだった。その影響で着ぐるみ待ちという、最初で最後の奇妙な体験をした〟という意味の証言を残している（注十）。

今回は、光太郎が海外を放浪していた時にエジプトのお婆さんから貰った（準備稿ではエジプトで光太郎が買った設定）お守りが原因で騒動が巻き起こる。お婆さん曰く〝このお守りを、東洋の方へ持っていってしまって欲しい〟。光太郎はそれをさおりの誕生日プレゼントとして渡す。包みの中にはエジプト語の説明書らしきものと、大きなペンダントが一つ、小さなペンダントが二つ入っていた。

健一は、小さな方を貰い、一つは交通安全のお守りだとポチの首輪に付ける。しかしペンダントの石は、なめくじ怪獣ジレンマの餌だったのだ。ポチは、体長三〇センチほどのジレンマが吐き出した溶解液で溶かされ死んでしまう。第三話では光太郎とともにライブキングの胃袋から生還したポチだったが、今回で彼の命運は尽きた。嗚呼、可哀相なポチ。その後ジレンマは家の壁に穴を空けて侵入し、健一が着けていたペンダントを食べる。

光太郎がＺＡＴのコンピュータで説明書を解読してもらうと、そこには恐ろしいことが書かれていた。〝この石は、幸運を運ぶ石として、古来珍重されていたが、ジレンマが現れてからは、悪魔の石となった。ジレンマは満月の夜現れ、石を食べ大きくなる。また光を（途中は紙が溶けているのでわからない）巨大化し、街を焼く〟と。要するにエジプトの婆さんは、厄介払いしたかっただけなのだ！

ＺＡＴが白鳥家を調査した後、一人残った光太郎だが、そこへジレンマが現れる。退治し

（注十）『ウルトラマンタロウ』Blu-ray Box の特典映像「スペシャルトークショー ペギー葉山×福沢良一×川北紘一」より。

ようとした光太郎は、ZATレーザーを浴びせるが、その影響でジレンマが巨大化した!

ここまで開巻から約十三分(中コマ前のアイキャッチ直前)。以下、タロウが登場するまでの展開は、さおりのペンダントを狙うジレンマ、彼女を守ろうとする光太郎、そして出動したZATとジレンマの戦いのみで構成されている。『ウルトラマンタロウ』には、このような構成のエピソードが多いが、その中でも本作が好編に仕上がったのは、さおりの光太郎に対する想いが、そこかしこに散りばめられているからだ。

例えば荒垣副隊長の命令で、さおりのペンダントを借りようとした北島に対し、彼女はきっぱりと断る。

「嫌です! これはお守りです。あたし、どんなことがあっても放したくありません。あたし、伝説なんか信じません。第一、エジプトにいるジレンマが、どうやって日本へやって来るんですか?」

困り果てた北島に光太郎が助け船を出すが、さおりはペンダントが伝説などと関係ないと証明して見せると意地を張る。さおりの強情ぶりには理由がある。このやり取りの直前、光太郎が、エジプトからペンダントを持ち帰ったのは自分だと説明した際、北島にとがめられるのを見ていたからだ。つまりさおりがペンダントを渡さないのは、光太郎の立場を守るためでもあった。

ペンダントを狙って、ジレンマが光太郎とさおりを追う。光太郎はさおりの手を引いて逃げる。途中、光太郎はさおりを説得するが、強情なさおりは危機にあってもペンダントを手放そうとしない。ＺＡＴがジレンマにナパーム攻撃を始めるが、怪獣には効き目がない。

「さおりさん、今度こそこのペンダントを捨てるんだ！」

「嫌！　光太郎さん、このペンダントが本当にあたしを守ってくれるお守りであることを、確かめてみるわ！」

と言って、さおりはジレンマの方に駆け出していく。後を追う光太郎はさおりを止めて、

「さおりさん、馬鹿な真似はやめるんだよ。たとえこれがお守りでも、君が命を捨てるようなことをすれば、それはお守りにはならないんだよ」

「止めないで！」

「馬鹿！」

思わずさおりの頬を平手打ちする光太郎（注十一）。

「君はどうして、僕の言っていることがわからないんだ？」

「ごめんなさい。これが伝説通りのエジプトの石だったら、光太郎さんは、ＺＡＴからも、みんなからも、悪者扱いされてしまうわ」

「何だって？　それじゃ君は？」

「あたしの方からジレンマに近づいたのなら、あたしが死んでも生きても、あなたには迷惑がかからないですむと思ったの」

自分の命を懸けてまで、光太郎を守ろうとするこの想いの深さよ。光太郎はさおりに対し、第一話、二話と連続で「綺麗だ」「綺麗だね」と誉めている。あの笑顔で言われたら、想い

（注十一）
予告では、このＮＧカットが四回も使われている。

を寄せてしまうのは当たり前だが、当時の特撮番組ゆえ、二人の関係は友達以上恋人未満で終わった。しかし本エピソードは、二人の青春がほとばしり、幕切れも爽やかな佳作である。

**篠田**　朝加さんは『ウルトラマンタロウ』がデビュー作なんですね。ですから慣れていなくて、演技の経験もなかったので、カメラが回るとどうしても固くなってしまったんだと思います。筧監督は、朝加さんを厳しく指導しておられました。もちろん叱るとかじゃなく指導していたんですが、彼女にはきつかったかもしれませんね。後年、僕と朝加さんが、テレビで夫婦役をやった時は（注十二）、実力派のすてきな女優さんになっていました。

『タロウタロウタロウ ウルトラマンタロウ』（辰巳出版刊）のインタビューで、朝加真由美は当時の思い出を語っている。

朝加　当時私は歌手でデビューする予定で、それに向けての歌のレッスン中だったんです。それが事務所サイドでは、レッスンと平行していくつかオーディションに書類を出していたらしくて、ある日、わけもわからぬまま連れて行かれたのが、『タロウ』のオーディションだったんです。（中略）でも、当時受けていたのは歌のレッスンだけだったんですよ。ドラマの経験どころか、セリフの練習すらしたことない。恥ずかしい話、道だって東京でわかるのは、事務所とレッスン所の間くらい、（中略）それでいきなり初日が「成城に7時」

（注十二）『ダブルマザー』九五年七月十一日～九月二九日、フジテレビ系列（東海テレビ制作）。

だったんですよ。横浜の寮からどう行けばいいのかもわからなくて…間に合わなくて怒られました（中略）（引用者注・撮影の思い出は）とにかく「悲しかった、つらかった」のひと言につきますね。ずっと泣いてばかりでした。スタッフや監督さんが言っていることが、ぜんぜん理解できないんですよ。例えば「立ち位置が…」って言われても、私、そんな基本用語も覚える間もなく、撮影始まっちゃいましたから。

撮影現場では孤立することが多かった朝加だったが、篠田三郎は優しく接し、昼食の時も声をかけてくれるのは、決まって篠田だったという。続いても同書からの引用である。

朝加　篠田さんがいたから、つらい撮影から逃げ出さずに済んだって感じですね。

## 石堂淑朗は蟹がお好き

第七話「天国と地獄　島が動いた！」の脚本は石堂淑朗。松竹の助監督出身で、六〇年の『太陽の墓場』『日本の夜と霧』は、監督の大島渚と脚本を共作している。『日本の夜と霧』は、同年十月十二日に社会党党首、浅沼稲次郎が十七歳の右翼、山口二矢に刺殺された、いわゆる〝浅沼稲次郎暗殺事件〟の影響で上映中止に。それを不服とした大島が松竹を退社し創造社を設立すると、その同人となった。

また、一八三センチの巨体と特異な風貌を買われて、役者として出演することも多かった。大島の『絞死刑』（六八年、ATG）の拘置所の教誨師役、『必殺！ THE HISSATSU』（八四年、監督・貞永方久、松竹）の六文銭一味の頭、庄兵衛などが代表作である。NHK大河ドラマ『花神』では伊藤俊輔（後の博文）が率いた力士隊隊士、菊ヶ浜を演じた。

石堂の作風は反俗、土着的で、実相寺昭雄監督の『無常』（七〇年）、『曼陀羅』（七一年、ともにATG）、『哥』の、いわゆる〝観念劇三部作〟はその集大成と言える。円谷プロ作品には『怪奇大作戦』から参加、『帰ってきたウルトラマン』から『ウルトラマン80』（注一）までの実写ウルトラシリーズには全作で健筆を振るった。

八丈島南東三〇〇キロ付近で五隻の船舶が行方不明になった。海上保安庁の要請で、ZATはホエールを出動させる。ZATは遭難海域付近で、海図にない巨大な岩礁を発見するが、実はそれは大がに怪獣ガンザ（脚本では単に〝カニ〟）の甲羅だったのだ。しかも大だこ怪獣タガール（脚本ではただの〝タコ〟）まで現れ、二頭は格闘を始める（注二）。

ストーリーとしては、ガンザの甲羅と知らずにホエールを着陸させたZAT隊員（荒垣、北島、南原）のユーモラスなやり取りがメインで、アイディア一つで強引にエピソードを作ってしまうことが多い石堂らしい脚本だ。

なお準備稿で出動するのは森山以外の全隊員だが、決定稿では朝日奈は本部に残って総指揮を執り、西田は海上保安庁に詰める。光太郎は、風邪をひいて白鳥家で寝ていたが、朝日

（注一）
八〇年四月二日〜八一年三月二五日。

（注二）
ただし二頭とも、決定稿のキャスト欄にはガンザ、タガールの怪獣名で載っている。

奈の要請でコンドルに乗り、八丈島へ上陸したガンザを迎え撃つという構成になっている。

　このように改稿された原因には、三ツ木清隆のスケジュールの都合があったかもしれない。本エピソードまでの出演となった三ツ木の降板については、いくつかの説がある。一つは前記の通り『白獅子仮面』とスケジュールが重なったという説。ニュースサイト『テレ朝POST』のインタビューでは、本人の口からそれが語られている（『ウルトラマンタロウ』が先に決まっていたが、『白獅子仮面』で主役のオファーがあったため、事務所が無理矢理スケジュールを入れてしまった）。しかし『ウルトラマンタロウ』DVD Vol.9のライナーノーツ「キャスト回顧録」で三ツ木は〝『白獅子仮面』に加えて、『だいこんの花』（注三）が入ったから〟という意味の証言を残している（証言はこちらの方が古い）。それにもう一つ、三ツ木に替わってレギュラーに入った西島明彦は、『タロウタロウタロウ ウルトラマンタロウ』所収のインタビューで、NHK大河ドラマ『国盗り物語』（注四）が入ったためと証言している。

『白獅子仮面』はスポンサーが決まらなかったため、制作終了後、一旦お蔵入りになったという説がある。だとすれば『ウルトラマンタロウ』より撮影が先行していたはずで、スケジュールが重なったとしても「天国と地獄 島が動いた！」の頃はすでに終盤だっただろう。たとえ『ウルトラマンタロウ』と完全に同じペースで撮影が進んでいたとしても、（『白獅子仮面』は一クール十三本なので）「天国と地獄 島が動いた！」の時は残すところ六本だから、このまま乗り切るという選択肢があったはずだ。『だいこんの花』に関しては、三ツ木が出演したのは七四年九月五日から放送された第四部（注五）なので時期が異なる。以上のことか

（注三）七〇年十月から七七年十一月まで放送されたホームドラマ。NET系列、全五部。

（注四）七三年一月七日～十二月二三日。三ツ木は明智光春を演じた。

（注五）放送終了は七五年三月二七日。

ら三ツ木の降板は、『国盗り物語』の影響であると筆者は推測する。

　クライマックスは八丈島でのガンザとタロウの戦いである。タロウがガンザのふんどし（蟹の甲羅の内側にある腹の部分）を剥がして退治すると、そこから無数の卵が噴き出し、小蟹（実際の蟹を使用）となって這い回る。タロウはそれを退治せず、巨大化することのないよう、特殊な光線を浴びせる。一ヶ月後、東京湾では美味しい蟹が無数に獲れて、光太郎や白鳥姉弟、町の子らもお腹いっぱい食べることが出来たという、何ともほっこりするラストがいい。

　石堂脚本で蟹の怪獣が現れるのは、『帰ってきたウルトラマン』第二三話「暗黒怪獣 星を吐け！」のザニカ以来二度目だ。石堂の特撮作品デビューは『マグマ大使』（注六）だが、その第四七話「電磁波怪獣カニックス新宿に出現」、第四八話「東照宮の危機・電磁波怪獣カニックス大暴れ」でも蟹の怪獣を登場させている。どうも石堂の好みらしいのだが、拙著『帰ってきたウルトラマン大全』（注七）のインタビューで「暗黒怪獣 星を吐け！」について質問したところ、

　石堂　僕カニ座だからね（注八）。カニって毛が生えてていかにもスケべったらしいんだよ。
　カニ座って嫌だなあと思ってたのがまずあるんだよね。

と、冗談とも本気ともつかない答えが返って来た。

　第八話「人喰い沼の人魂」は田口成光脚本、岡村精監督、特殊技術は山本正孝である。監

（注六）六六年七月四日～六七年六月二六日、フジテレビ系列。
（注七）荻野友大との共著。
（注八）三二年七月十七日生まれ。

督の岡村精は、大島渚、篠田正浩と並ぶ松竹ヌーベルバーグ（注九）の旗手、吉田喜重組の出身で、『ウルトラマンA』第三〇話「きみにも見えるウルトラの星」、第三一話「セブンからエースの手に」の二本持ちでデビューした。

今回は、人喰い沼に棲み、通りかかる人間を餌として保管する大蛙怪獣トンダイルが出現する。犠牲者の一人は熊谷さんという名前。無論これは、プロデューサー熊谷健からのいただきでスタッフの遊び、役者は熊谷のトレードマークの白い帽子まで被っている。

エピソードタイトルにある人魂の正体は、トンダイルの赤く光る目である。これは田口が脚本を執筆した『帰ってきたウルトラマン』第四四話「星空に愛をこめて」に登場した怪獣グラナダスの目が、鬼火に見えるというアイディアの再利用だ。

沼の地底に住むトンダイルを追い出すため、地底戦車のペルミダーⅡ世が出動するが、その戦法がユニーク。何とペルミダーのドリルをトンダイルの尻に突き刺すのだ。こんな無茶なことが実行出来るのは、歴代防衛隊の中でZATだけだろう。

また、クライマックス、ホエールで応援に駆けつけた森山隊員が（これが実戦初出動）、トンダイルの吐き出した球体をミサイルで撃破する見せ場も用意されている（なぜかミサイルを発射するカットはコンドルになっているが）。

「人喰い沼の人魂」の本筋は、男手一つで息子を育てた父（外山高士）と、父思いの息子（矢崎知紀）の話だが、それよりも警官役でゲスト出演した大泉滉の怪演、ペルミダーの珍戦法、森山隊員の活躍が印象的で、父子のドラマが霞んでしまっている。

（注九）一九六〇年代前半、松竹の若手映画作家によって生まれた新しい傾向の作品群。

なお、本エピソードから、宇宙ステーションV9へ転勤になった西田隊員の代わりに、上野隊員がレギュラー入りする。演ずる西島明彦は、公開録画のヒーロー番組『突撃！ヒューマン‼』（注十）で、ヒューマン2号に変身する岩城淳一郎を演じていた。

第九話「東京の崩れる日」は石堂淑朗脚本、監督と特殊技術は八話と同じである。原案としてクレジットされている深田太郎は当時七歳で、主題歌を作詞した阿久悠の長男。阿久は、番組名にたまたま長男と同じ〝タロウ〟が使われていたため、作詞を引き受けたという。

超高層ビルが次々と崩れ落ちるという怪事件が発生していた。現場に散乱したビルのコンクリート片は軽石のようにボロボロになってしまっていた。原因がビルの設計ミスにあると推測されたため、設計者である平田秀一（石井宏明）はノイローゼになってしまう。秀一の息子、敏夫（紺野秀樹）は健一の同級生だった。健一は、敏夫の父が設計ミスをするような人間とは思えず、敏夫と事故現場の調査に行く。すると、そこで巨大な蟻の大群を発見する。崩壊は、蟻がビルを食い荒らしたために起きたのだ。蟻の大群は大空に飛び立ち、合体して大羽蟻怪獣アリンドウとなる。蟻の大群が渦を巻いて飛ぶ特撮カットは、おそらく水槽に入れて攪拌した茶殻を使用しているのだろう。

『ウルトラマンタロウ』の特徴の一つに、メインの視聴者である小学生目線のドラマが多いということがある。今回も第八話同様、父を想う息子の目線でドラマが進んでいく。

**篠田**　円谷英二さんが監修されていた時代に創られた『ウルトラマン』や『ウルトラセブン』

（注十）七二年十月七日〜十二月三〇日、日本テレビ系列。

にはテーマがありました。『ウルトラマンタロウ』の場合は、寓話やおとぎ話的なものが多かったですね。それ以外に、怪獣に飛び付いて思い切り足に噛み付いたり、怪獣と一緒にダンスを踊ったりして、いい大人が馬鹿なことをやっているし、英二さんが見たら怒ったかもしれません。しかし逆にこども達には、そんなことも親近感になったのかもしれないですね。

こどもが活躍する話が多かったし、ある意味、こどもが主役のドラマだったと言えます。光太郎の下宿先には、健一君がいましたし。

健一君を演じた斎藤信也君は、実にしっかりした子役さんでした。撮影現場には、いつもお父さんがついて来ていました。大人だけの仕事場に入っても変に芸能界ずれしないように、お父さんが礼儀とか注意して見ておられたと思います。信也君はキッチリした芝居をする子で、NGはほとんどなかったと記憶しています。信也君には、ずいぶん助けられました。

## 怪談呪いの蔦

第十話「牙の十字架は怪獣の墓場だ！」は木戸愛楽脚本、山際永三監督、特殊技術は大平隆が担当した。大平は『ウルトラマン』『快獣ブースカ』（注一）などの本編助監督出身。『ウルトラファイト』（注二）で監督デビュー、『ウルトラマンA』第五話「大蟻超獣対ウルトラ兄弟」、第六話「変身超獣の謎を追え！」から特殊技術に転じた。

（注一）
六六年十一月九日〜六七年九月二七日、日本テレビ系列。

（注二）
七〇年九月二八日〜七一年七月二日（初回放送期間については諸説あり）。

脚本の木戸愛楽は、東映出身の大原清秀のペンネーム。熊谷健は『帰ってきたウルトラマン』で、東映から佐伯孚治《さえきたかはる》を監督として招聘した。その理由は、佐伯が監督した『江戸川乱歩シリーズ 明智小五郎』（注二）の第二五話「白昼夢 殺人金魚」を熊谷が気に入ったからだった。その脚本を執筆したのが大原である。

日本アマチュアボクシング新人王の試合（脚本では初試合）を二日後に控えた光太郎は、減量に苦しんでいた。空腹のあまり、色々なものが食べ物に見えてしまう。海象《せいうち》怪獣デッパラスまでローストチキンに見えるのだから哀れだ。果たしてこんな状態で試合に勝てるのだろうか？

**山際**　光太郎はボクサーという設定でしたが、ボクシングの話が全然出て来ないんですよ。それで、ああいう喜劇仕立てにしたわけです。

**篠田**　本来僕は、ボクサー向きじゃないんですよ。見るのは好きなんですけどね。体験で一日ジムに行ったんですが、トレーナーから「身体が硬いなあ」と言われました。

怖いことに、『ウルトラマンタロウ』でボクシングをやったから、それからしばらく、僕のプロフィール、趣味はボクシングということになっていました。そう言えば『シルバー仮面』でも、僕がスキーが出来るということで、雪山の話を作ってくれたそうですが（第十四話「白銀の恐怖」）、そんなこと言ったかなあ？

（注二）七〇年四月四日～九月二六日、東京12チャンネル系列。

格闘技は得意じゃないんですが、走ったりして、身体は鍛えていました。学生時代は、野球部に入っていましたしね。これは趣味のつもりで入ったんですが、野球の名門校だったんで、部員は全国から生徒を集めて来て、何十人もいる。その中で優秀な人がレギュラーになれるんですから、とても趣味なんかで出来るレベルじゃない。ですから二年で辞めました。

多摩川に出現したデッパラスは都心に向かう。光太郎は、デッパラスが鏡に反応することに気が付き、ZATはミラー作戦を展開。デッパラスを二八号埋め立て地へ誘導、落とし穴に落下したところを、ホエール、コンドル、スワローの一斉攻撃でバラバラにする。翌日は光太郎の新人王決定戦だった。しかし試合の最中、再生したデッパラスが出現する。デッパラスは、ライブキングほどの再生能力を持っていなかったようで、かなり醜い姿となっている。しかも今度は、ミラー作戦も効かない。

セコンドから怪獣出現を聞いた光太郎は、対戦相手の稲垣（大塚崇）に猛ラッシュをかけKO、隊員服に着替えて出動しようとするが、腹が減りすぎて力が出ない。赤いバケツに入っていた砂利が、ご飯に見えて口に入れてしまうほど。そこへ、栄養たっぷりの食事を持ったさおりと健一が駆けつける。さおりの愛情のこもったご馳走を平らげた光太郎はタロウに変身、見事デッパラスを倒す。

**篠田**　あの頃は変身ものの番組が多かったですね。変身ポーズは、自分で考えてもいいということでしたので、色々と工夫しました。最初は変身ポーズだけでしたが、途中から声を出しました（注四）。

**山際**　これは喜劇として面白いね。光太郎はボクシングの試合に出るために減量するんだけど、フラフラになって食べ物の幻を見てしまう。怪獣が土を掘って、銭湯の湯船の底が抜けて、東京湾につながっているという発想も面白い。こういうナンセンスな話は好きですね。

準備稿タイトルは「海象《せいうち》怪獣出現！　風呂の底は海だった」。内容は喜劇的ではあるものの、ナンセンスぶりが決定稿ほどではない。例えば、光太郎は試合に向けて減量中だが、幻覚を見るシーンはない。デッパラスは元々油壺水族館で飼われていた海象で、二〇年にわたって飼育ケージのコンクリートの床を牙で掘り続け、遂に穴を開けて海へ逃げ出したという設定。その後デッパラスは、さおりと健一の叔父である白鳥博士が所長を務める超ウランセンターを襲うという展開であった。

続く第十一話「血を吸う花は少女の精」は同じトリオの作品ながら、一転して怪奇ムードあふれる傑作となった。

ジトジトと雨の降り注ぐ梅雨の夜、墓場の捨て子塚の方から赤ん坊の泣き声のようなものが聞こえて来た。調査に向かった二人の警官は何者かに襲われ、血液を一滴残らず吸い取られて死んだ。こうしたことが七回も続き、吸血鬼殺人事件と呼ばれるようになった。

（注四）このエピソードから、光太郎は変身の時「タロウ！」と叫ぶようになる。

警察の要請で調査に向かったＺＡＴは何の手掛かりも得ることが出来なかったが、光太郎と荒垣は、現場近くで真っ赤な花束を持った少女を目撃する。少女は接近するトラックに気付かず道路を渡ろうとする。光太郎はとっさに駆けだして彼女を助ける。

少女の名前はかなえ（下野照美）。その小さな手には、不釣り合いなサイズの花切りばさみを持っている。森山の記憶では、かなえは親に捨てられた子らが集められた施設に住んでいるという。光太郎が調べてみると、彼女は二ヶ月前、大金持ちの岩坪夫妻（脚本では代議士の有田）に引き取られていた。

**山際**　女の子の里親は万里昌代さん。彼女は新東宝出身で、僕もそう。そのつながりから出てもらったんです。脚本では代議士の家という設定で、後援会の看板も撮ったんですが、橋本さんが政治的なものにしたくないということで、ちゃんとは読めないように切りました。看板そのものは少し残っています。カメラがパンをして、屋敷を映し出す途中なんで切れませんでした。

万里昌代は、五六年新東宝の第四期スターレットとして入社。同期には北沢典子、三ツ矢歌子、後に実相寺昭雄夫人となる原知佐子らがいた。同社では前田通子、三原葉子と並ぶグラマー女優として活躍。新東宝倒産後、大映に移籍して出演した『斬る』（六二年）は、三隅研次の研ぎ澄まされた演出、市川雷蔵の虚無的な演技も相まって、時代劇史上に残る名作となった。

かなえは、家ではほとんど口を利かないという。光太郎は岩坪夫人の様子から、単に篤志家として人気を取るためにかなえを引き取っていたのだと理解する。

かなえの摘んで来た赤い花は、捨て子塚の地下から生えている吸血植物が咲かせたものである。つまり、捨て子の怨みというネガティブなパワーが生んだ呪いの植物である。

彼女が鳴らす花切りばさみの不気味な金属音は、少女の怨念と残虐性を表している。山際は『帰ってきたウルトラマン』第十五話「怪獣少年の復讐」で、屈折した少年の心理を、当時流行していた玩具アメリカンクラッカー（カチカチボール）の耳障りな音で表現したが、そのバリエーションである。

岩坪夫人は、ゴミ箱に捨てた赤い花が生長した蔦に襲われ、全身の血を抜かれて死ぬ。それを窓の外から目を見開き、瞬きもせず見つめるかなえ。

恐ろしいのはここからだ。赤い花が吸血鬼だと知ったかなえは、町で母子連れの人達に赤い花を配る。彼女にとって、温かい家庭とは憎む対象でしかないのだ。

**山際**　「血を吸う花は少女の精」というタイトルは、橋本洋二さんが付けました。（準備稿タイトルは「吸血怨み花」）当時、コインロッカーベイビーが問題になっていて、それを題材にした社会的な話。コインロッカーベイビー、つまり捨て子の怨みを代弁する謎の少女が主人公です。僕は謎の少女が好きでね、『コメットさん』の「いつか通った雪の街」（第七八話）や、『恐怖劇場アンバランス』の「仮面の墓場」（第四話）にも、謎の少女が登場します（注五）。大原さんは、その線に沿ってこの脚本を書いてくれました。

女の子が、母子に花を配りますよね。そこに光太郎がやって来てやめさせようとする。すると女の子が少し笑うんです。ニヤッというんじゃなくて、バレタか、という感じの微妙な笑い。その表情を見ていたみんなが驚いた。そういう演技が出来る子でした。


コインロッカーベイビーとは、当時の大きな社会問題である。七〇年二月三日に東京渋谷、東急百貨店のコインロッカーで、新聞紙にくるまれた嬰児の遺体が発見されたことに端を発する。同様の事件がその後たびたび発生し、七三年二月四日には渋谷駅のコインロッカーから紙袋に入った嬰児の死体が発見され、この年は全国でなんと四六件もの同様の事件が発覚した。被害者達はコインロッカーベイビーと呼ばれたのである。事件の背景には、未婚の母の問題もあった。彼女達は、経済的な余裕も、我が子を育てられる環境もなく、やむなく捨てた例が多かった。

吸血蔦の正体は、蔦怪獣バサラだった。タロウはストリウム光線でバサラを倒すが、このシーンの演出が印象的だ。

光線を浴びたバサラは倒れたまま爆発する。その直後、捨て子塚が崩れ落ちると（このカットから、読経が流れ始める）、蔦に絡まれ硬直していた北島が正気を取り戻す。と、画面は暗闇で妖しく光る赤い花、寺の全景となり、それらが短いコマでカットバックされる。その

（注五）
『仮面の墓場』で謎の少女を演じた靏ひろみ（後の鶴ひろみ）は、後年『それいけ！アンパンマン』（八八年十月三日〜、日本テレビ系列）でドキンちゃんの声を長く担当した。

後、寺の全景に真っ赤なバサラのシルエットが合成され、それが白、赤、黄色、緑、青に分解される。やがて実体に戻ったバサラは、光線で寺を焼く。燃える本堂のアップに、赤い花のアップがダブる。それを見て立ち尽くすバサラは、満足したのか大爆発して果てる。

このシーン、決定稿では〝タロウのストリウム光線が飛ぶ！　燃え出す蔦怪獣の死体！〟といたってシンプルな描写だ。山際はそれを変更することで、捨て子達の怨みの深さを強調した。

**山際**　『ウルトラマンタロウ』で、僕が撮った中では、「血を吸う花は少女の精」が一番いいと思っています。脚本の直しはほとんどなかったと思いますが、ラストは少し変更しました。

第十二話「怪獣ひとり旅」、第十三話「怪獣の虫歯が痛い！」は、ともに田口成光脚本、深沢清澄監督、特殊技術は山本正孝。シリーズ初の地方ロケ（宮崎）編だ。監督の深沢清澄は『ウルトラマンA』『緊急指令10・4・10・10』『ウルトラマンレオ』『猿の軍団』『スターウルフ』『ウルトラマン80』等の円谷プロ作品を担当（注六）、切れのいいアクション演出で定評がある。

「怪獣ひとり旅」は、船で宮崎へ旅行に出かけた光太郎とさおり、健一が、ブルゴンこと林田タケシ少年（野島千照）と出会うのが発端だ。タケシの父（平松慎吾）は温泉掘りの名人で、宮崎で仕事をしている。ただ仕事に熱中すると、他のことを全て忘れてしまう。タケ

（注六）
『緊急指令10・4・10・10』七二年七月三日〜十二月二五日、NET系列。

『猿の軍団』七四年十月六日〜七五年三月三〇日。

『スターウルフ』七八年四月二日〜九月二四日、日本テレビ系列。

シの母の命日まで忘れてしまっているため、意見するため宮崎へ向かっていたのだ。父一人子一人という設定は「人喰い沼の人魂」と同じだが、ドラマの焦点を絞っているので、完成度は本作の方が高い。

登場怪獣は噴煙怪獣ボルケラー。温泉掘削のドリルが怪獣の身体に当たり、その不快感で地中から姿を現すという設定がいい。ドリルがボルケラーの身体を傷付ける描写、完成作品でははっきりしないが、準備稿「怪獣ひとり旅―九州篇―」では、掘削の穴からボルケラーの血が噴き出すシーンが用意されていた。掘削がきっかけで怪獣が出現するというアイディアは、アメリカのシドニー・W・ピンクがデンマークで撮った『冷凍凶獣の惨殺』（六一年）に似ている。

**田口**　九州ロケの二本持ちですね。シナハン（注七）は深沢監督と一緒でした。日向まで船で来て、青島の鬼の洗濯岩とかを見て、都城だったか、霧島の方に行って、温泉に泊まったから〝温泉怪獣〟です。

**篠田**　フェリーに乗って、宮崎ロケをしたことがあるんですよ。その時、制作の藤倉博さんの実家へお邪魔したら、近所の子が集まって来て、しかもだんだん人数が多くなって、みんなで『ウルトラマンタロウ』の歌を合唱してくれたんです。まるでウィーン少年合唱団のように綺麗にハモって、それが思い出に残っています。

（注七）シナリオハンティング。シナリオを書くために、物語の舞台となる場所に出かけること。

なお、タケシを演じた野島千照は、後にダンスユニットZOOの中心メンバーとして活躍（TACO名義）。現在はダンサー、コリオグラファーとして活躍中である。

続く「怪獣の虫歯が痛い！」は、宮崎のどこかの海岸に怪獣が上陸するという想定でZATが大演習を行う。冒頭、フェリーからラビットパンダ、ウルフ777、ZATバギーが降りて来るシーンがあり、なかなか圧巻である。

演習の連絡係は宇宙ステーションの西田隊員（ゲストで出演した三ツ木清孝は、これが最後の番組出演）。光太郎は九州東方二〇〇キロの地点で、ホエールから水中ロケットを発射するが、海の底で寝ていたシェルターがそれを咥え込んでしまう。しかも歯の間に挟まって抜けなくなってしまったことから、宮崎に上陸して暴れ回る。

宮崎は南原の故郷で、母親のたか（磯村千花子）が息子に会いに来る。近視で少々粗忽者のたかのキャラクターが面白い。宮崎編の二本は、家族を題材にした話が得意な田口成光の脚本と、深沢清澄のスピーディな演出で、軽やかに楽しむことが出来る。

**田口**　深沢さんは、怪獣のところはカットが早くて、親子のところは浪花節的にじっくり描くんですよ。そこが良かったですね。

以下は『ウルトラマンタロウ』DVD Vol.3のライナーノーツ「シーン・セレクション＃4」

より、深沢清澄の証言である。

深沢　僕はアクションものが好きなんですよ。だから、メリハリについてはハッキリ言って意識しています。テンポを出すためにはリズムと間合い。要するに緩急をつけるのが、すごく大事なので、細かく行くところとバーッと流すところを意識したのは確かです。とは言っても、本編で使える尺数は16分から17分くらいなんですよね。30分番組と言いながら。でも、本（引用者注・脚本のこと）にはそれなりに書き込んでありますから、どっか端折るところは端折る、押すところは押さないと入らないですからね。

**田口**　覚えているのは、虫歯怪獣はほぼ一発ＯＫ、何行か直しただけでした。虫歯怪獣の話のように、発想が飛んでいると通りやすいですね。話が飛躍しているので、理屈を言わなくていい。多分、橋本さんは怪獣と虫歯の結びつきが気に入ったんじゃないでしょうかねえ。

田口の証言通り、準備稿と決定稿の差違はほとんどないが、シェルターの最期についての展開が異なる。準備稿ではタロウの〝メタリウム光線〟（ウルトラマンＡの必殺技なので、明らかな誤記）で倒されるが、決定稿では、ＺＡＴがシェルターの歯から抜けた水中ロケットに爆薬を詰めて陸上から発射、それが見事シェルターの口に飛び込んで爆死する。つまり事件の発端となった水中ロケットを活かした展開に変更された。

第二部

# 確立される
# ファミリー路線

## タロウの首はすっ飛んだのか？

石堂淑朗脚本、山際永三監督による第十四話のタイトルは「タロウの首がすっ飛んだ！」。えんま怪獣エンマーゴによって、タロウの首がちょん切られてしまうという、何ともショッキングなエピソードである。

石堂は『帰ってきたウルトラマン』第四〇話「冬の怪奇シリーズ まぼろしの雪女」、『ウルトラマンレオ』第五〇話「恐怖の円盤生物シリーズ！ レオの命よ！ キングの奇跡！」でもヒーローをバラバラにしている。石堂は『帰ってきたウルトラマン大全』のインタビューで、筆者に〝宇宙人は、何の具体性もないから嫌い、むしろ憎んでいる〟という意味のことを語った。ウルトラヒーローも宇宙人だから、何のためらいもなくバラバラにしたり、首をちょん切ったり出来るのかもしれない。しかしそれ以上に、石堂はヒーローを権力の象徴と捉えていたのではないだろうか。石堂は反権力の作家である。〝ウルトラヒーローバラバラ事件〟の動機には、その二つの要因があったと筆者は考える。

「タロウの首がすっ飛んだ！」は、えんま怪獣エンマーゴが土地開発の影響で甦って暴れるというシンプルなストーリーだ。だからこそ石堂らしい土着性、風刺性が楽しめるエピソードとなった。

宅地造成の工事で仕掛けた発破によって地中に埋もれていた石地蔵が露出し、それを地主でゴウツクバリの老人、島田（浜村純）が持ち帰ったせいでエンマーゴが甦る。言い伝えによると、昔、この村の木や作物が全部枯れて、緑がなくなった時期があった。当時の村人が石地蔵を丘に埋めると、緑が元に戻ったのだという。

この部分は脚本にはなく、山際が撮影台本上で台詞を変更したものだ。脚本では大昔、物凄く恐いことがあって地蔵を埋めたという、具体性に欠ける伝承だった。これが石堂と山際の資質の違いである。石堂は全体の流れで宅地造成を皮肉っているが、山際は、ドラマの流れやテーマを明確にするためナレーションと台詞を変更するのだ。

さて、タロウの首がすっ飛ぶシーン、脚本のト書きでは以下のようになっている。

---

54　タロー（原文ママ）とエンマーゴの戦い。
○タロー、エンマーゴの両手にはさまれ、首を切られる。
○しかし、その首はすぐ元通りになる。
○タロー、エンマーゴの右手を切りとり、その右手を逆に使って、エンマーゴの首をきりおとす。

しかし完成作品では、タロウが首を切られた直後、画面はお経の文字をバックに、タロウの首が旋回するなど、かなりシュールな演出を施してあり、山際が追加した次のナレーションがかぶる。

「恐ろしいエンマーゴの刀攻撃の中で、ウルトラマンタロウは一瞬、死んでしまったのかと思えた。（映像ではタロウが復活し、代わりにエンマーゴの首が落ちる）しかし肉を斬らせて、骨を斬る。それは我らがタロウの捨て身作戦だったのだ」

つまり、タロウの首は実際には落ちておらず、勝利を確信したエンマーゴが、死の直前に見た幻だったのだ。この描写は、剣豪同士の一騎討ちを思わせる。たとえがわかりづらいかもしれないが、深作欣二監督の『柳生一族の陰謀』（七八年、東映）のクライマックス、柳生但馬守（萬屋錦之介）と小笠原玄信斎（丹波哲郎）の一騎討ちがそれだ。玄信斎が、柳生但馬を一刀のもと真っ二つにしたと思ったら、彼が斬ったのは石地蔵で、敗北したのは自分だったというシーンを見た時、筆者はこのエピソードを思い出した（両者は無関係であろうが）。

ところで本エピソードは、通常は二本持ちのところ一本持ち、それに特殊技術のクレジットがない。というのも山際が本編と特撮を兼任したからだ（巻末の山際組撮影スケジュール参照）。決定稿には特殊技術に大平隆の名が印刷されているし、山際は本編クランクイン前に大平と打ち合わせを行ったようである。それがなぜこのようなシフトになったのだろうか。

そのヒントになるのが、第十七話から第十九話までのエピソードだ。これはシリーズ初の三週連続という大作だった。第十五、十六話は筧正典の二本持ちだから、第十四話一本になってしまったのだ。もう一つの理由は熊谷健が、山際に特殊技術も担当してもらいたかったからだろう（この件に関しては後述）。一本持ちなら、本編と特撮を兼任しても、スケジュール的には消化出来るのである。

もっとも一班体制ではなく、本編のクランクアップ後、山際が特撮班に合流するというスタイルで、カメラマンは本編が森喜弘、特撮が佐藤貞夫である。森は『ウルトラマン』第十九話「悪魔はふたたび」の特撮B班での撮影が円谷プロ初作品で、山際とは「仮面の墓場」で組んでいる。佐藤は『ウルトラマンタロウ』の特撮班メインカメラマンである。

実は本編カメラマンに関して、山際は苦い経験がある。

**山際**　『ウルトラマンタロウ』の最初の三本は、『ウルトラマンA』でも組んだ、中町武さんでした。しかし現場で僕の言うことを聞いてくれない。例えば、イントレ（撮影用の足場）を組んで俯瞰で撮りたいと言うと、彼はそんなことをする必要はない、と言って聞かない。要はテレビだから、手間のかかることをやりたくない、効率よく撮りたかったんだと思います。筧さんも賛同してくれて、熊谷さんに掛け合って、次からは別のカメラマンになりました（注一）。

第十五話「青い狐火の少女」は、斉藤正夫脚本、筧正典監督、特殊技術は大平隆。斉藤正夫は松竹出身の監督、脚本家。石堂淑朗の紹介で『帰ってきたウルトラマン』第四五話「郷秀樹を暗殺せよ！」からシリーズに参加している。

「青い狐火の少女」は、那須に伝わる九尾の狐伝説を基にしたエピソードだ。四年前母親を亡くした十一才の少女、紅カオル（本田淳子）が主人公。彼女の母（西恵子）は、谷で発生した狐火に殺されていた。

（注一）中町は番組を降板したわけではなく、一部のエピソードを除き第二七話まで撮影を担当した。

冒頭は、那須岳を登っているカオルのシーン。そこは宮中を混乱に陥れた九尾の狐が上総介広常と三浦介義純によって退治された後、殺生石に姿を変えたという言い伝えのある場所だ。カオルはそこで死んだ母親に会えると信じ、時々やって来るのだ。しかし那須岳には、母親を殺した狐火怪獣ミエゴンが姿を透明にして潜んでいた。ミエゴンは透明のまま麓へ降り、様々な怪現象を起こしていた。地元の自警団は、それらがカオルと関係あると見て、彼女を捕まえようとする。この、カオルが人々に差別される前半部分が優れている。

人々に差別される少女と言えば、『ウルトラマン』第三〇話「まぼろしの雪山」が思い起こされる。飯田山で動物達と暮らす不思議な少女、雪ん子（富永幸子）がいた。彼女は猟師が捕まえた動物達を逃がしてしまうため、忌み嫌われていた。そして雪ん子が危機に陥ると、ウーという怪獣が出現する。ウーは十五年前に死んだ母親の代わりに雪ん子を守っているのではないかと、科特隊のイデ（二瓶正也）が言う。

一方、ミエゴンはカオルの母親を殺した張本人だ。しかし自警団は、那須で起こる怪現象は、カオルのせいだと思い込んでいる。つまり母親殺しの犯人が起こした事件の罪をなすりつけられているわけで、本作は「まぼろしの雪山」より悲劇的なのだ。しかし完成度が今一つなのは、本エピソードがタイアップを前面に出した脚本構成になっているからだ。

ロケが行われたのは那須ロイヤルセンター（注二）。メリーゴーラウンドに揺られたカオルが死んだ母親を追想するシーンは、設定とタイアップがマッチして効果的だった。しかしその後、自警団に追われたカオルが、ファンタラマ（イッツ・ア・スモールワールドに似たア

（注二）二〇〇〇（平成十二）年に営業終了した。

トラクション）やゴーカートに乗って逃げるシーンは、少々鼻につく。やむを得ないとは言え、そこに尺を割いてしまったため、自警団に追われるカオルの深刻な状況が真に迫らない。

第十六話「怪獣の笛がなる」の脚本は田口成光。第十五話では『ウルトラマンA』のTAC隊員、美川のり子を演じた西恵子がゲスト出演したが、今回は『帰ってきたウルトラマン』のMAT隊員、丘ユリ子を演じた桂木美加が、学校の先生役で登場。残念ながら出番が少なく、印象は薄い。

深夜の資材置き場、笛吹亜理人（山田浩之）は、祖父の形見のオカリナに似た笛の練習をしている。祖父は笛の名人と言われていたが、山で何かに押し潰されたような不思議な死に方をした。その時も、山で拾った石で作ったその笛を握りしめていたという。

風の強い夜であった。山と積まれた土管の上に一本だけ置かれた鉄管に風が通り、笛のような音が響くと、奇妙な器官が地下から現れて、様子を探りだした。それは笛吹き怪獣オカリヤンの耳から生えている触角だったのだ。その後、亜理人の笛がようやく鳴ると、オカリヤンが全身を現し、少年を追いかける。実はその笛は石ではなく、オカリヤンの歯で出来ていたのだ。

監督の筧正典は、本エピソードで音にこだわった演出を見せている。鉄管を通る風の音や、オカリヤンの触角が開く際の少々ユーモラスな音、笛に似たオカリヤンの声などを効果的に使い、エピソード全体に不思議なムードを漂わせることに成功している。

脚本の田口は、怪獣の特性とファミリードラマを融合することに長けているが、本作でもその才能が存分に発揮されており、少年ドラマとしては上々の出来だった。

**田口**　『ウルトラマンタロウ』は、家族目線とか庶民目線、市井の目線が多かったですね。それは橋本洋二さんも、どちらかというと恵まれない子に見て欲しいと思っていたからです。僕もどちらかというと得意なスタイルですし、下町の小学生の目から見たような話がメインになっていったわけです。第一話で緑のおばさんが出て来たのも、下町の小学生がお世話になっているからという理由です。

なお、さおり役のあさかまゆみは、本エピソードが最後の出演。元々十三本契約だったらしいのだが、実際は十五本出ている（第十三話は出演なし）。後任が決まらなくて延長されたのだろうか。それにしても光太郎、さおり、そして健一というトライアングルが醸し出す雰囲気は『ウルトラマンタロウ』の作品世界にしっくり馴染んでいたので、降板がつくづく惜しまれる。

## タロウよ！ ゾフィーよ！ ウルトラの母よ！

第十七話「2大怪獣タロウに迫る！」、第十八話「ゾフィが死んだ！ タロウも死んだ！」、第十九話「ウルトラの母 愛の奇跡！」は、シリーズ初の三部作（脚本・田口成光、監督・深沢清澄、特殊技術・小林正夫）。火山怪鳥バードン、食葉怪獣ケムジラ、ゾフィー、それにウルトラの母まで登場するサービス編だ。

バードンは大熊山火山の活性化によって卵から孵った古代の大怪鳥で、ケムジラを餌にしている。ケムジラは古代文献に登場する生物で、甘い物を好み、この年大豊作となったスイカの中に潜んで成長する。

光太郎は健一を連れて、同級生の小林タケシ（西脇政敏）の父、彰（二瓶秀雄）が勤める大熊山地震研究所の見学に来ていた。しかし光太郎が買い、タケシが持っていったスイカにはケムジラが潜んでいて、タケシは怪獣が吐き出した糸によって一時的に失明してしまう。光太郎は、お土産として地震研究所にもスイカを置いていくが、中にいたケムジラが所員を襲い、その上、餌を求めて飛来したバードンによって、彰は大怪我を負う。タケシの母、ゆき（金井由美）は、家族がこんな目に遭ったのは光太郎のせいだと叱責する。

ドラマの出だしは、結果的に不幸を呼んでしまった光太郎のトラウマ的なドラマだ。これがもし現実の事件だったとすれば、光太郎は、結果を予測出来なかったとして、法的、社会的に、罪に問われることはないだろう。しかし光太郎とゆきの間には、一生消えないしこりが残るだろうし、ドラマの中でも、それが解消されることはない。筆者は、この三部作最大の不満がこの部分なのだが、バードン側のプロットは力がこもっている。

ZATの攻撃で巨大化したケムジラを倒すため、光太郎はタロウに変身する。しかし、そこへバードンがケムジラを捕食するために飛来。バードンの強大な力を前に、タロウは遂に命を落としてしまう。

第十八話（中編）は、タロウの死という衝撃的なシーンから始まる。タロウを倒したバードンは、ケムジラを餌にする。全身を鋭い嘴《くちばし》で突き、両腕を千切り、最後は目をくり抜いてついばむという残酷さ。当時の視聴者にとっては、ショッキングなシーンだっただろう。

バードンが飛び去った後、ウルトラの国からゾフィーが飛来し、タロウの遺骸を運ぶ。このように、本エピソードは主役のヒーローが事実上不在のまま展開する。それゆえ光太郎は、夕陽に向かって健一が「光太郎さーん！」と叫ぶシーンで微笑むイメージでの登場だけだ（注二）（篠田の出番が減少していた事情については後述）。

ケムジラを食べ尽くした（準備稿にその描写がある）バードンは、新たな餌を求めて旅客機を襲う。その後、沼で水浴びするバードンに対し、ZATはトリモチ作戦を実行する。トリモチは上手くバードンを絡め取るが、その背後には、彰とタケシが入院する大熊山病院があった。トリモチが外れてバードンが倒れると、大熊山病院が破壊されてしまう。

そこへ再びゾフィーがやって来て、バードンと戦う。この大熊山での戦いが凄まじい！はじめは優勢と思われたゾフィーだが、バードンの火炎攻撃にたちまち形勢が逆転する。炎

（注二）
ちなみに、この回で篠田の声が流れるのは、次回予告前の、ウルトラの国のイラスト募集告知のナレーションのみだ。

がゾフィーの頭に引火するという壮絶な描写！

特殊技術を担当した小林正夫は、このシーンで銀色に塗ったガーゼに灯油とガソリンを染み込ませ、それをゾフィーのマスクに接着し、発火させたという（注二）。

その後、弱ったゾフィーをバードンの鋭い嘴が襲う！ そして遂に、ウルトラ兄弟の長男ゾフィーも命を落としてしまうのである（第十八話終了）。

**田口** ウルトラシリーズでは、初めての三部作でした。小学校が夏休みに入ると視聴率が下がるんで、その対策ですね（注三）。タロウだけではなく、ゾフィーまでバードンにやられてしまう。そういうイベントを設けて、視聴率が下がるのを抑えようという発想でしたね。

第十九話（後編）は、餌を求めて日本全国の食肉倉庫、動物園、養魚場などを襲うバードンに対し、なすすべもないＺＡＴがクローズアップされる。

バードンに餌を与えないため、ＺＡＴは緊急指令を出し、肉や魚の流通を止める。しかしこれが裏目に出た。餌がなくなったバードンは、マンモス団地の人々を襲い始めたのだ。

ポチ（二代目）と一緒に光太郎を探しに出た健一は、バードンが飛来したため、物陰に隠れる。バードンは地上にいる人間達を次々とついばんでいく。健一がふり向くバストショットに続き、カメラは人気のなくなった団地を、右から左にパンして映し出す。一瞬の沈黙の後、バードンは団地の窓へ嘴を突っ込み、人間を食べ続ける。

（注二）
『ウルトラマンタロウ』DVD Vol.5のライナーノーツ「シーン・セレクション＃6」より。

（注三）
放送日は七月二十七日、八月三日、十日。

**田口**　バードンが団地の人間を全部食べてしまうところは、物凄いよね。深沢監督の演出はアクが強いんだけど、団地のシーンなんかまさにそう。実に残酷なシーンだけど、バードンの造型があまり良くなかったでしょう。だから助かっているんですよ。

さしもの凶暴なバードンも、復活したタロウがウルトラの母から与えられた新アイテム、キングブレスレットで作り出した分身に惑わされ、火口で最期を遂げる。この三部作は、バードンの強大さを前面に押し出したエンターテインメント大作だった。

## 本編監督の特殊技術

脚本順でいくと、バードン三部作の後に二つの未映像化脚本が存在する。石堂淑朗による「怪獣無惨！　果報は寝て待て」と、村山庄三による「蝉しぐれ怪獣挽歌」だ。村山は『なんたって18歳！』や『ママはライバル』（注一）等を担当した脚本家。印刷は一九七三（昭和四八）年六月二〇日、どちらも話数表記はない。

「怪獣無惨！　果報は寝て待て」とは、石堂らしい人を食ったタイトルである。登場怪獣はドネラ。身体をカメレオンのように周囲の色に合わせ、舌を道路に、口をトンネルに見せか

（注一）
『なんたって18歳！』七一年十月五日〜七二年九月二六日。
『ママはライバル』七二年十月四日〜七三年九月二六日。

けて通りかかった車を飲み込んでしまう。さおりを赤いスポーツカーに同乗させ、ラリーに参加した軽薄そうな学生の清水も、光太郎と森山、健一を乗せたウルフも飲み込まれ、ドネラの胃袋に。不思議なことに、ドネラの消化液は鉄や石油だけを消化するらしく、それまで飲み込まれた人々は胃袋の中で生きていたという、文字通り人を食った話である。

「蝉しぐれ怪獣挽歌」は以下のようなストーリーだ。

道路の下から蝉時雨が聞こえて来たと思うと、いきなり路面が波打ち、走っていた自動車が事故を起こすという奇妙な出来事が、都内で三件も発生していた。ZATが調査すると、掘り起こした道路の下に、ビッシリと蝉の幼虫が詰まっていた。眠っているうちに道路が出来て、地上へ出られなくなった蝉の幼虫の仕業だろうと荒垣は推理する。しかし光太郎には、一連の事件が蝉の祟りのように思えてならなかった。

ZATは蝉の幼虫を火炎放射器で焼き払うが、間もなく多摩ニュータウンに巨大な蝉の怪獣セミラが現れた。怪獣はホエールの攻撃で足の一部を切り取られ、大空へ飛び去る。

ZATが分析したところ、セミラは、セメント成分のシリカと、太陽光線に含まれる放射能の影響で誕生した、アブラゼミの変異体であることがわかった。餌はコンクリートで、寿命は一週間だという。

再び現れたセミラに対し、光太郎は生け捕りを進言、それが受け入れられ、ZATは催眠弾攻撃を仕掛けることになる。作戦は成功し、セミラは奥多摩山中で飼育されることになった。しかし怪獣を殺せという被害者団体の声が大きくなっていった。そして、一人の男がセミラを殺そうと山に火を放つ。怪獣は檻を破って逃亡、二〇〇人以上の小学生が滞在するキャンプ場に向かった。

光太郎はそれでもセミラ攻撃をためらっていたが、荒垣が危機に陥ったため、やむなくタロウに変身、怪獣を倒す。

『ウルトラマンタロウ』より、『帰ってきたウルトラマン』や『ウルトラマンA』の方が似合いそうな脚本だ。これが『ウルトラマンA』のヤプール編だったら、死んだ蝉の怨念を異次元人が超獣化したという設定で充分成立する。準備稿ゆえ、未整理な部分も見受けられるが、もし映像化されたら「血を吸う花は少女の精」とともに、番組の異色作としてカウントされただろう。

しかし両作が準備稿で終わった原因の一つは、どちらもファミリー路線から外れた内容だったためではないだろうか。もう一つ考えられるのは、篠田三郎のスケジュールだ。この二本は光太郎の出番が多いが、この時期、篠田はＮＨＫの風刺時代劇『天下堂々』(注二)の撮影が始まっており、劇中の出番が減っていた。

**篠田**　『ウルトラマンタロウ』の前半は『木下恵介・人間の歌シリーズ』の『愛よ、いそげ』、(注三)中盤からは『天下堂々』と重なっていたので、しょっちゅう走っていた記憶があります。『ウルトラマンタロウ』の撮影が終わったら、走ってＮＨＫに向かって……。あの頃は、結構ドラマが重なっていましたね。一ヶ月に放送されるものが数多くありましたからね。

(注二)七三年十月五日～七四年九月二七日。

(注三)七二年十二月七日～七三年五月三日。

『愛よ、いそげ』のプロデューサー、ディレクターは飯島敏宏さん。今思えば、実相寺さんにしろ飯島さんにしろ、円谷プロと関わりのある方々のお世話になっていたんですね。脚本家で言えば、市川森一さんや佐々木守さん。佐々木さんの作品では『金のなる樹は誰のもの』（注四）、市川さんの作品ではNHK大河ドラマの『山河燃ゆ』と『花の乱』（注五）にも出していただきました。

第二〇話「びっくり！ 怪獣が降ってきた」、第二一話「東京ニュータウン沈没」は、これまで特殊技術を担当していた山本正孝が、本編の監督を担当した。脚本はそれぞれ石堂淑朗、田口成光。

この第二〇話から、小野恵子が白鳥さおり役として登場。小野は四九年生まれ。五五年生まれのあさかまゆみより六歳年上なので、健一の母親に近い存在になっている。

なお、第十八話準備稿では、さおりが留学したという健一の台詞がある。しかし結局そのアイディアが却下されたのは、『帰ってきたウルトラマン』で主人公の恋人、坂田アキ（榊原るみ）を殺してしまったこと、それに『ウルトラマンA』でヒロインの南夕子（星光子）を月に帰してしまったことが影響しているのではないだろうか。ヒロインが退場したことで番組のムード、展開が変質してしまい、両作から青春ドラマの要素が失われた。その反省から、本作ではキャストを変更してさおりを残すという判断になったのではないだろうか。

「びっくり！ 怪獣が降ってきた」は、例によって石堂淑朗タッチが楽しめるエピソードで

（注四）七六年四月十二日〜六月二八日、NET系列。

（注五）『山河燃ゆ』八四年一月八日〜十二月二三日。『花の乱』九四年四月三日〜十二月十一日。

ある。フライングライドロンの母子（タイトルクレジットでは〝鳥怪獣ライドロン母子〟）が、宇宙空間を飛んでいた。子のライドロンは、打ち上げ花火を夜に咲く珍しい花と勘違いして地球に降下した。しかし重力に捕まり、宇宙へ帰れなくなってしまったのだ。

その直後、雷鳴が轟き、大雨が降る。それは母ライドロンが、子ライドロンを探すために雷光に似た光で地上を照らし、わが子の身体が大気中で乾かないよう水分を送っていたのだった。

ZATは上空に母ライドロンの存在を確認していた。子ライドロンはホエールとコンドルを見て怯えるが、ZATには、怪獣が暴れているようにしか見えなかった。

このように、本エピソードは怪獣母子の愛情を描いている。そこに一人息子を亡くした人間の母親を絡ませ、テーマを浮かび上がらせているのだ。石堂らしいシンプルなストーリーラインながら、心に残るエピソードとなったのは、彼女の存在なくしては考えられない。

母親の名はお杉（磯村みどり）、民宿を経営する米吉（岡村春彦）の妻である。彼女は二ヶ月前、五歳になったばかりの一人息子を失ったショックで記憶喪失になっていた。しかしお杉の焦点の定まらない目つきと、抑揚のない口調は、記憶喪失というよりも正気を失っているように見える。そのため母性が異様に鋭敏になってしまったのか、子ライドロンの鳴き声が、母親を呼んでいるのだと彼女は直感する。

巫女を思わせる姿のお杉は、同じく石堂脚本の『帰ってきたウルトラマン』第二三話「暗黒怪獣 星を吐け！」に登場する、カニ座怪獣ザニカと精神がリンクしてしまった謎の女（横山リエ）と同種のキャラクターだ。

嵐の中、子ライドロンと戦うタロウに向かってお杉が言う。

「いけませんよ、大人がこどもを虐めて泣かせちゃ！　ほら、母親だって、気をもんでいるじゃありませんか」

その言葉にタロウは全てを理解した。子ライドロンは、空にいる母親が恋しくて泣いているだけなのだと。そしてウルトラの母がタロウに呼びかける。

「タロウ、地球に住む者であろうと、宇宙に暮らす者であろうと、親と子の愛情、母の愛情に変わりはありませんよ」

それを聞いたタロウは、リライブ光線で子ライドロンの傷を治し、宇宙へ運ぶ。晴れ上がった翌朝、お杉はスッキリした表情で目を覚ました。不思議なことに、彼女の記憶喪失は治癒していたのである（注六）。

『ウルトラマンタロウ』は、怪獣を退治せずに終わるエピソードが比較的多い。それについて石堂淑朗は、『タロウタロウタロウ　ウルトラマンタロウ』所収のインタビューで、以下のように答えている。

石堂　それは、局に怪獣を退治するシーンが残酷すぎて子供が寝られないなんて投書がきたんだよ。それで少し路線を変えようという話になったんだよね。僕は、子供は本来残酷な部分を持ち合わせていると思うから「変えたらつまんないよ、本来の童話がもっている

（注六）脚本では雨の中、タロウが子ライドロンを宇宙に運んでいく様子を見て正気に戻る。

ような残酷性があったほうがいいよ」って言ったんだけどね、でも最終的には局の意向で…。だから、どこかで「あほくさい」なんて思いながら、逃がしてやるって話を書いていたところはあったよ。

記事中、インタビュアーは〝石堂さんの後半の脚本には、怪獣を殺さずに終わるという話が多く見受けられるのですが〟と発言している。確かに番組後半では、その傾向が顕著である。ただし、続く「東京ニュータウン沈没」「子連れ怪獣の怒り!」も、（石堂脚本ではないが）タロウは怪獣を倒さない。したがって石堂の言う局からの指示については、中盤以前のものだと考えた方が自然である。

「東京ニュータウン沈没」は、前述の通り田口成光脚本だが、原案として村山庄三の名がクレジットされている。つまり本エピソードは、村山の「蝉しぐれ怪獣挽歌」のアイディアを活かし、田口が全面改稿したものなのだ。

夏のある日、光太郎は健一を連れて東京ニュータウンへ蝉を捕りに来ていた。しかし辺りは光太郎が少年だった頃の武蔵野の風景とはすっかり変わって、蝉の鳴き声一つない。だが健一は、マンホールの中から蝉の鳴き声がしていることに気が付く。実はこのニュータウンの地下には、蝉怪獣キングゼミラが潜んでいたのだった。

キングゼミラは、羽化のため地上に出ようとしている。すると辺りには地震が発生し、ニュータウンの団地は次々と地面にめり込んでいった。

ZATがひっぺがし作戦で、ニュータウンの舗装を剥がすと、中からキングゼミラが現れた。しかし健一の同級生で、クラス一の昆虫博士、正一（石井秀人）は、あれは怪獣ではなく蝉で、一週間経てば死んでしまうから、このまま生かして欲しいと訴える。荒垣はそれを受け入れ、ネット作戦を展開、空から巨大なネットを落とし、キングゼミラを捕らえることに成功する。だがその夜、キングゼミラは大声で鳴き出した。怒った住民達は、網に火をかけ燃やしてしまう。逃げ出したキングゼミラは東京タワーに取り付き、電波を攪乱してしまう。

**田口**　この年、蝉があまりいなかったんだよね。地下から蝉の声がするという、不思議な世界ですね。僕は、自分の日常から発想することが多いんです。それが『ウルトラマンタロウ』の世界に合っていました。その当時は、自分の子も健一ぐらいの歳で、観察しながら書けたというのもありますね。

今回もタロウは、キングゼミラを宇宙に逃がしてやる。そしてキングゼミラは宇宙蝉となり、今でも夏になると、宇宙の彼方で鳴いていると言われている、とナレーションが説明する（注七）。

このように田口は、復讐談の「蝉しぐれ怪獣挽歌」をファミリー路線にシフトし、団地の沈没というスペクタクルを入れ込み、『ウルトラマンタロウ』らしい娯楽作に仕上げたのだ。

（注七）脚本では「今でも一年中夏の宇宙の彼方で鳴いている」となっている。

**田口**　話は橋本さんと相談しながら作ります。ただ、当時ＴＢＳ映画部の副部長だった橋本さんは忙しいから、打ち合わせは大体夜です。終わると、ＴＢＳ会館の地下にあったトップスとかのレストランで食事をして、終電くらいで帰るという感じでした。

「びっくり！　怪獣が降ってきた」と「東京ニュータウン沈没」の本編撮影は中堀正夫が担当している。中堀は、円谷プロが特撮を下請けした『太平洋ひとりぼっち』（六三年、監督・市川崑、配給・日活）に撮影助手として参加した後、『ウルトラマン』で同社に入社した。『ウルトラセブン』の最終回前後編（第四八、四九話）「史上最大の侵略」で、それまで特撮班の撮影を務めていた鈴木清が『怪奇大作戦』を担当することになったためカメラマンに昇格。七二年の実相寺昭雄監督作『哥』で劇場映画のカメラマンとしてデビュー、以後は実相寺の良き女房役として活躍した。

中堀は、この二本で実相寺ばりのカメラアングルを時折見せているが、幻想談の「びっくり！　怪獣が降ってきた」はともかく、「東京ニュータウン沈没」では内容とカメラワークがやや乖離していた。

なお、この二本で特殊技術としてクレジットされているのは山際永三である。その事情を、山際は以下のように語っている。

**山際**　熊谷さんから、「特撮が忙しくて困っている。助けてくれないか」と言われたんです。あの頃、円谷プロは他の番組もやっていたし、よそでも特撮番組を結構撮っていたでしょう。だから特撮の監督が足りなくなっていたんですね。でも特撮といっても、僕は合成のことはわからないし、ためらっていたんですけどね。そうしたら「合成は少なくして、ほとんどないから」ということでしたので、仕方なくやったんです。

この件について、熊谷健は別の角度からの証言をしている。

熊谷　『ウルトラマンタロウ』で工夫したもうひとつのことは、本編の監督に特撮監督をやってもらったことですね。それは円谷プロ生え抜きの特撮スタッフが他の番組をやっていたので、特撮監督がいない、という事情もありましたが、むしろ本編の監督にやっていただいた方が無駄がないんです。つまり本編監督と特撮監督となると、お互いに競い合ってフィルムを使ってしまうんですが、本編の監督同士でしたら、こういったカットを撮ってほしい、というのがあれば的確にわかるし連携がうまくいく。あくまでもドラマ本位で考えますから、ウルトラマンと人間が目線を合わせるといったちょっとしたリアクションでも特撮の芝居とはちょっと違うものができてくるんです。（『KODANSHA Official File Magazine ULTRAMAN VOL.7』より）

実にプロデューサーらしい発言だが、この二本は本編監督と特殊技術の監督が入れ替わった形だ。「びっくり！　怪獣が降ってきた」などは山際向きの脚本に思え、担当を入れ替えない方が良かった気がするが、熊谷としては山本正孝を本編監督に昇進させる狙いがあったのだろう。

## これがウルトラの国だ！

第二二話「子連れ怪獣の怒り！」、第二三話「やさしい怪獣お父さん！」は筧正典監督、特殊技術は大平隆で、脚本はそれぞれ大原清、石堂淑朗。大原清は、木戸愛楽同様、大原清秀のペンネームである（注一）。

**山際**　僕の二本で木戸愛楽と名乗ったのは、当時、大原さんが東映の専属だったからだと思います。彼のホン（脚本）はとても変わっているでしょう。だから、東映ではとてもやりにくい。円谷プロに行った方がいいんじゃないかと言われていた、という笑い話もありました。

「子連れ怪獣の怒り！」に登場するカンガルー怪獣パンドラは、お腹の袋にチンペという我が子を入れて育てている。とてもおとなしい人間好きの怪獣だ。怪獣側を被害者として描

（注一）
「牙の十字架は怪獣の墓場だ！」「血を吸う花は少女の精」の脚本では、大原清秀と印刷されている。山際の撮影台本は、それを鉛筆で木戸愛楽と修正している。

いている部分が大原のこだわりだろう。

軽井沢の教会で、光太郎の友人、藤波隆夫（佐久間亮）と優子（中田喜子）の結婚式が行われていた。二人は翌日浅間山へ出かけるが、そこでパンドラと遭遇する。二人は逃げようとするが、優子は岩場で足を滑らせて、崖下に転落してしまった。隆夫は崖を降りるが、優子の姿はどこにもない。隆夫は、優子が怪獣に食べられたと思い込んだ。

花嫁役の中田喜子は『ミラーマン』第四三話「打倒！ 異次元幽霊怪獣ゴースト」で円谷プロ作品に初出演、『ウルトラマンA』第四四話「節分怪談！ 光る豆」にも出演している。『ミラーマン』の頃は少女の面影を残していたが、「子連れ怪獣の怒り！」では美しい大人の女性に成長している。

優子は生きていた。怪我をして動けなくなっていた彼女を救ったのはパンドラ親子で、温泉や薬草で傷を癒していたのだ。ところが隆夫は、怪獣が人助けするという光太郎の話を信じない。彼はパンドラから優子を取り戻そうと、仲間のハンター達と怪獣退治に向かい、チンペを射殺してしまう。怒り狂ったパンドラは暴れ出し、麓の村を火炎で焼き払う。

本エピソードのクライマックスは、火炎を吹いて暴れ回るパンドラとZATの戦いで、撮影には派手な炎が特徴のナパーム爆発がふんだんに使われている。

**篠田**　どこかの雑誌インタビューで、東野英心さんが「篠田は爆発に神経質になっていた」と発言されていました。『ウルトラマンタロウ』の撮影で爆破は毎回のことで、スタッフは無論、気を遣って下さっていましたが、やはり緊張感を持って本番に挑まないと危険です。
どのエピソードかは忘れましたが、壁に追いつめられた光太郎のシーンがあったんです。僕がカメラから外れた後、壁に向かって、スタッフが引火性のある液体を壁にかけるんです。ところが、その日は風が強くて、火の点いた液体が僕のところまで飛んで来てしまった。それで隊員服がジューッと燃えて溶け出したんです。あまりの熱さに、僕もみんなも慌てた……ということがありました。そんなことがあったので、少々神経質になっていたかもしれませんね。

「やさしい怪獣お父さん！」に登場するしんきろう怪獣ロードラ（注二）は、ハイウェイの地下に潜み、黒い竜巻状の蜃気楼を発生させて車を巻き込む。そしてシャワーヘッド状の鼻から溶解液を出し、車を溶かしてしまう。つまり「怪獣無惨！ 果報は寝て待て」に登場したドネラの設定を一部転用したのがロードラなのである。ただ、ドネラは車を餌にしていたが、ロードラはなぜ車を溶かすのか明らかにされない。まるで愉快犯のような怪獣として描かれている。

初秋のある日、さおりと健一は、健一のクラスメイト三島六郎（梅津昭典）の両親に誘われ、箱根方面へドライブに出かけていた。六郎の母、好子（瞳麗子）は、気が弱く、のろまで、万年係長の夫、馨（富田浩太郎）を軽蔑しきっていた。
『ウルトラマンA』で〝ウルトラ六番目の弟〟梅津ダンを演じた梅津昭典がゲスト出演。仲の悪い両親に気を揉む一人息子を演ずるが、扱いは小さい。むしろスポットが当たるのは

（注二）クレジット表記。ムックなどでは〝蜃気楼怪獣〟となっている。

母の好子だ。

安全運転を心がける三島家の車を、若者達を乗せたジープが追い越していく。しばらく行くと、そのジープの一行が血相を変えて走って来て、彼らに助けを求めた。怪獣が現れて息を吹きかけ、ジープを溶かしてしまったという。若者達は、警察かZATに連絡して欲しいと頼むが、好子はからかわれていると思い、強引に車を発進させる。しかし彼らの車も黒い竜巻に巻き込まれ、ドロドロに溶けてしまう。

好子が凄まじいのはここからだ。ZATの調査で、地下に怪獣がいることを知ると、避難指示を無視し、車を溶かされた被害者達を扇動する。

「逃げちゃ駄目よ！（中略）皆さん、車を溶かされて、泣き寝入りするんですか？」

「そんなことを言ったって、相手は怪獣だぞ」

「でも、この怪獣は、人間を溶かしたわけじゃないのよ。（中略）今、考えついたんだけど、この怪獣は、何かに利用出来ると思うの。（中略）今、ポンコツ車は、その処理に困って空き地に積まれているけれど、それだって、全然公害を出さずに片付けられるわ」

それを聞いた被害者達は好子に賛同する。

「地下にいる怪獣は、車を溶かされたアタシ達のものよ！」

驚いた馨は好子を止めようとする。

「馬鹿なことを言うもんじゃありませんよ。怪獣を自分のものにして、どうするんです？」

「あんたは黙ってらっしゃいよ！　ＺＡＴの皆さん、お聞きの通り、怪獣はアタシ達のものです。勝手に攻撃されては困ります！（中略）きっとこの怪獣で、溶けた車の穴埋めが出来るわ」

怪獣で一儲けを企てる好子のキャラクターは強烈だ。夫は万年係長、車も中古のオンボロ車しか買えない。劇中では明らかにされないが、自宅は戸建てではなく、公団か社宅であろう。つまり好子は自分の生活水準に劣等感を抱いており、怪獣を利用して一発逆転を狙うのだ。

彼女の場合、生活への不満が怪獣に飛躍するところが面白い。つまりこのエピソードで、怪獣は好子のフラストレーションを吐き出すきっかけに過ぎない。

好子は、ZATの攻撃で暴れ始めたロードラを説得しようとするが、逆に怪獣の鼻に吸い取られてしまう。「お父さんが弱いから、お母さんが勝手なことばかりするんだ！」と六郎になじられた馨は、勇気を出して好子を救おうとする。その作戦というのが、竹の弾性を利用してロードラに乗り移るというもの。実に馬鹿馬鹿しいが、これが『ウルトラマンタロウ』の世界である。竹を使うアイディアは、上方落語の『愛宕山』がヒントかもしれない。

ラスト、馨と好子の関係は改善したように見えるが、さて、これがいつまで続くやら。だって相手は好子だから。

第二クールのクライマックスとなる第二四話「これがウルトラの国だ！」、第二五話「燃えろ！ウルトラ6兄弟」の前後編は、田口成光が脚本を、山際永三が監督、佐川和夫が特殊技術を担当した大作である。

岩森家は六人の子がいる大家族である。父の善晴（石堂淑朗。役者としての出演）、母のヨウコ（青木和子）以下、長男の一郎（斎藤則幸）、長女の初子（田島幸恵）、次男の次郎（柴山一三雄）、三男の三郎（山野辺修）、四男の四郎（佐野伸寿）、そして次女で末っ子の末子（宮原由美）の八人家族だ。六人の子らには、長男から順にゾフィー、ウルトラマン、セブン、帰ってきたウルトラマン（いつもは新マンと呼ばれている）、エース、タロウという渾名があり、ランドセルにもご飯茶碗にも、それぞれのキャラクターのワッペンを付けている。つまり岩森家は、両親も含めてウルトラファミリーというわけだ。

その日、善晴とヨウコは、結婚後初めての旅行に出かけるため、六兄妹を残して家を出た。しかし二人を乗せた旅客機は、和歌山上空で墜落事故を起こしてしまう。

その事故は、宇宙から飛来した宇宙大怪獣ムルロアの仕業だった。ムルロアは、ヨーロッパのある国が、人類終末兵器と言われるトロン爆弾の実験を、地球から〝一億キロ離れた〟ムルロア星で行ったため怪獣化した現地生物だ。

ムルロアは動物の本能で、爆弾を打ち込んだのが地球人だと知ったのか、無数のスペースモスとともに飛来したのである。しかもムルロアは、爆発の閃光のショックで光を嫌っており、黒煙を吐き出して地球を暗黒のベールに包んでしまう。

ウルトラの母は、地球の危機を救う鍵はウルトラの国にあるとタロウに告げる。タロウは早速ウルトラの国に飛んだ！（第二四話終了）

**田口**　そもそも、ウルトラの国を出そうというところから始まったエピソードです。それに両親を亡くした六兄妹の話を絡めました。でも、そっちを真面目にやると、本当に暗い話になってしまいますから、力を合わせて生きていこうという方向性にして、地球が闇に包まれて温暖化するという設定も入れ込んだ話にしました。

スペースモスは光に向かって集まる。光を嫌うムルロアは、スペースモスが集まった地点に現れ、光を放つコンビナートや灯台を破壊していった。遂にＺＡＴは、全世界に向け灯火管制の指示を出す。

**山際**　蛾が集まって来る灯台は、確か三浦半島の剱埼灯台でロケをしました。仕掛けをして夜まで待ってね。蛾を線で吊って、みんなでワーワーやりながら撮った記憶があります。線が多いから、映っちゃうんじゃないかと思って心配だったんですが、細い線だったので大丈夫でした。

山際の撮影台本によると、灯台のシーンは七三年八月二四日、十三時から翌日の一時までの撮影だったようだ。なお、脚本でスペースモスがムルロアの周りに集まるのは、怪獣の身体から出る汗か何かを餌にしているのではないかと北島が推理するが、撮影台本で山際がカットした。

田口の証言通り、この前後編はウルトラの国を出すために発想されたエピソードである。番組では七月二〇日放送分（第十六話「怪獣の笛がなる」）から八月二四日放送分（第二一話「東京ニュータウン沈没」）の次回予告前に、ウルトラの国の予想図を書いて送ろうという告知を出し、視聴者の期待を煽った（現在見られる映像では送付先のクレジットがないが、本放送当時は各放送局が生テロップで出していた可能性が高い）。そして第三クールへ向けて弾みを付ける最良のタイミングが第二四、二五話（放送日はそれぞれ九月十四日、二一日）と判断されたのだろう。ついにウルトラの国の全貌が、視聴者に明かされる。

第二四、二五話の決定稿には〝協力 小学館〟と印刷されている。当時、ウルトラチーム隊長だった上野明雄は、以下のように証言する。

**上野**　ウルトラの国を出そうと言ったのは、小学館だったかもしれません。というのも、小学館としては、ウルトラ兄弟の故郷を読者に伝えたかったんですよ。『帰ってきたウルトラマン』の頃、小学館がウルトラ兄弟を設定し、『ウルトラマンA』では兄弟路線が確立し、ウルトラの父も出た。『ウルトラマンタロウ』ではウルトラの母、その実子のタロウが出て、ファミリー路線が確立しました。

なぜその路線を望んだかと言いますと、講談社さんとの関係があります。小学館の学年誌は七二年がピークでしたが、その後も売れ続けた。実は講談社さんも学年誌を出していた時期がありましたが、発行部数の違いで小学館にやられてしまった（注三）。当時、契約料（ウルトラ

（注三）『たのしい一年生』ほかの講談社学年別学習誌は、六三年までに完全撤退。

シリーズの掲載権料）が一誌ひと月五万円だったと思いますが、発行部数が伸びないと、やっていけないわけです。

ただ講談社さんは、『週刊少年マガジン』が売れていました。六〇年代の終わりから、漫画を読む年齢が上がって、発行部数が一気に伸びました。六五年から編集長を務めた内田勝さんは、テレビとの積極的なコラボレーションを始めました。東映の渡邊亮徳さんと組んで、水木しげるさんの『悪魔くん』をテレビ化した（注四）のが最初です。その後、円谷プロの作品も独占状態でしたし、当時はこども向けのテレビ番組と言えば『週刊少年マガジン』はじめ講談社の独壇場でした。

七〇年代に入って、小学館が円谷プロと独占契約を結んで、各学年誌でウルトラを取り上げるようになって、その人気で『小学一年生』が一〇〇万部を超えて、学年誌の黄金時代がやって来るわけです。講談社さんは、『週刊少年マガジン』の弟分『週刊ぼくらマガジン』を六九年十一月に創刊し、石森章太郎（後の石ノ森章太郎）の漫画『仮面ライダー』の連載を始めたんですが、雑誌の売れ行きが今一つでした。ところが七一年四月に『仮面ライダー』がテレビ化されると人気が上がり、そこで『週刊ぼくらマガジン』を休刊して『テレビマガジン』を創刊し（七一年十一月）、『仮面ライダー』を中心に取り上げ始めるんです。

小学館は講談社の『仮面ライダー』シリーズ人気に対抗して、ウルトラのファミリー路線を歩んでいったわけです。『ウルトラマンタロウ』では、ウルトラの国の想像図を募集して、それをかなりリアルに描いたものを載せました。当選者には、ボロボロになった怪獣の着ぐるみ

（注四）六六年十月六日～六七年三月三〇日、NET系列。

の表面を切り取ってプレゼントしました。使い古した着ぐるみは、もう燃やすしかありませんから、これはこども達にとって、宝物だったでしょうね。

後編となる第二五話「燃えろ！ ウルトラ6兄弟」では、当時学年誌でシリーズのコミカライズを執筆していた内山まもるの画で、ゾフィーの口からウルトラの国の歴史が語られる（瑳川哲朗のナレーションによる）。

「昔、今から三万年前のこと、平和だったウルトラの国で、惑星群の中心であった太陽が大爆発を起こし、ウルトラの国全体が暗黒に閉ざされ、多くの人々が死んでしまった。その後、ウルトラの長老を先頭とする研究団によって、人工太陽プリズマスパーク（注五）が建設され、ウルトラの国は明るい光を取り戻し、再び平和が甦った。

そのウルトラの国が、怪獣軍団を率いるエンペラ星人に侵略され、今のウルトラの父は、大活躍して傷付いたが命は助かり、今のウルトラの母に出会ったのである。

かくしてウルトラ警備隊が創設され、解放の戦いを記念して、ウルトラタワーが建てられた。その命の炎と呼ばれる炎の中心に、宇宙のあらゆる平和を創り出すと言われる、ウルトラの鐘、すなわちウルトラベルが納められたのである」

ゾフィーがウルトラの国の歴史を語ったこの瞬間、それまで雑誌や本の上にしか存在しなかった世界と、テレビ番組が融合を果たしたのである。

なお、この部分のナレーションは山際永三の手でかなり直されている。以下、決定稿から

（注五）
公式設定では〝プラズマスパーク〟である。

田口成光オリジナルのナレーションを採録する。

N「ゾフィはウルトラの兄弟たちに語った。それはウルトラの国の歴史であった。昔、今を去ること三万年のこと、我々ウルトラの国はエンペラ星人に侵略され、ウルトラ族は全てエンペラ星人の奴隷となり、家畜同様の扱いを受けたのである。そして、或る日、圧政に耐えかねたウルトラ族は一斉に蜂起し、全員、力を合わせエンペラ星人からウルトラの国を解放したのであった。

その解放を記念し、ウルトラタワーが建てられ、その命の炎と呼ばれる炎の中心に宇宙のあらゆる平和を創り出すと言われるウルトラの鐘、すなわち、ウルトラベルが納められたのである」

---

**上野**　ウルトラの国について、プラズマスパーク核融合装置の影響で、人間がウルトラ族になったというのは、昔、秋田書店さんで出した大伴昌司さんの編集した怪獣図鑑を基にしたと思います。

**田口**　ウルトラの国のセットを作るのは、大変だったと思います。デザインしたのは内山まもるさん、小学館経由で依頼しました。

ウルトラベルが納められたウルトラタワーに入るためには、兄弟がタロウの身体に合体するしかない。気持ちを一つにしたウルトラ兄弟は、ウルトラベルを手に入れ地球に向かう。ベルの音はムルロアが作り出した暗黒を消し去り、怪獣はＺＡＴの新型爆弾〝ＡＺ１９７４〟（注六）によって粉砕され、地球は平和を取り戻す。

両親を亡くした岩森兄妹だが、今も仲良く、力を合わせて学校に通っている。

第二四話「これがウルトラの国だ！」、第二五話「燃えろ！　ウルトラ6兄弟」は、『ウルトラマンタロウ』世界の集大成と言える大作で、今も人気のあるエピソードである。

（注六）
ＡＺとは、円谷プロに出入りしていた人々の溜まり場だった喫茶店の名前。現在は、地元で名高い洋食店キッチンマカベとなっている。ポークジンジャーが筆者のお気に入りである。

# 山際永三の特撮

ここでは、山際永三が特撮を担当したエピソードの撮影台本への書き込みを紹介する。

①
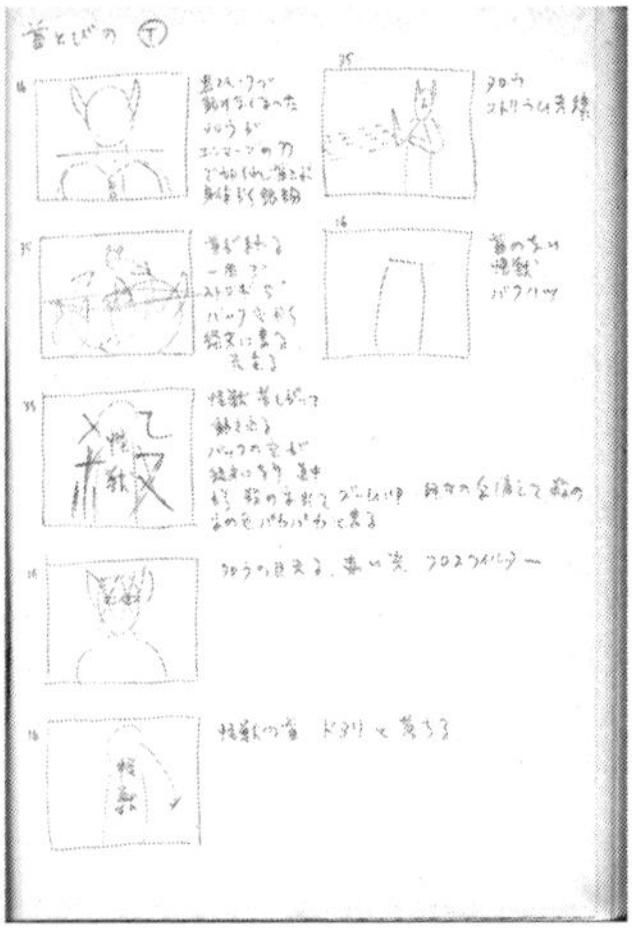

山際が本編と特撮を兼任した第14話「タロウの首がすっ飛んだ！」で、タロウの首が飛ぶシーンの絵コンテ。

②
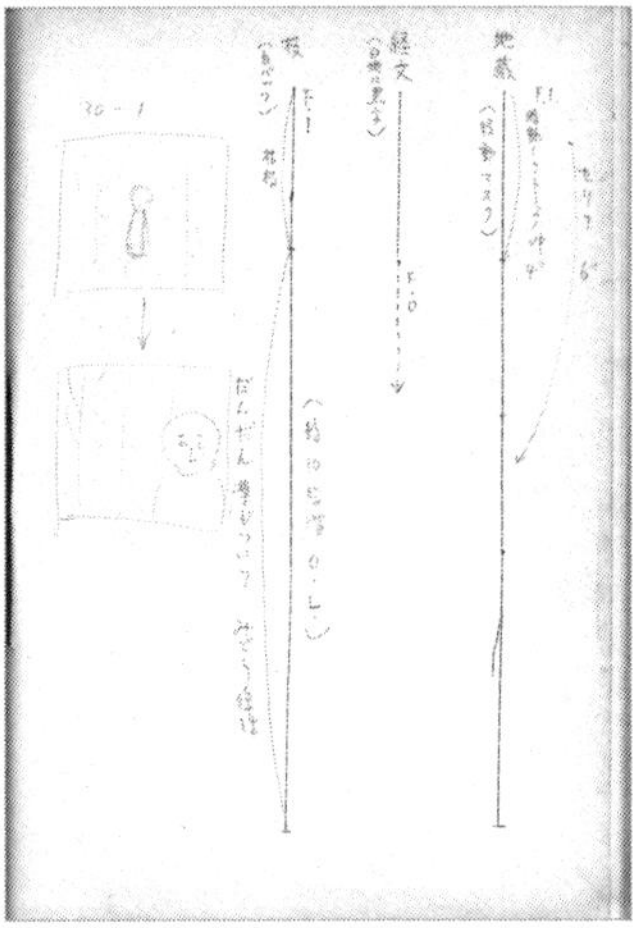

同じく第14話で、①と同じシーンの合成タイミング指示。

③
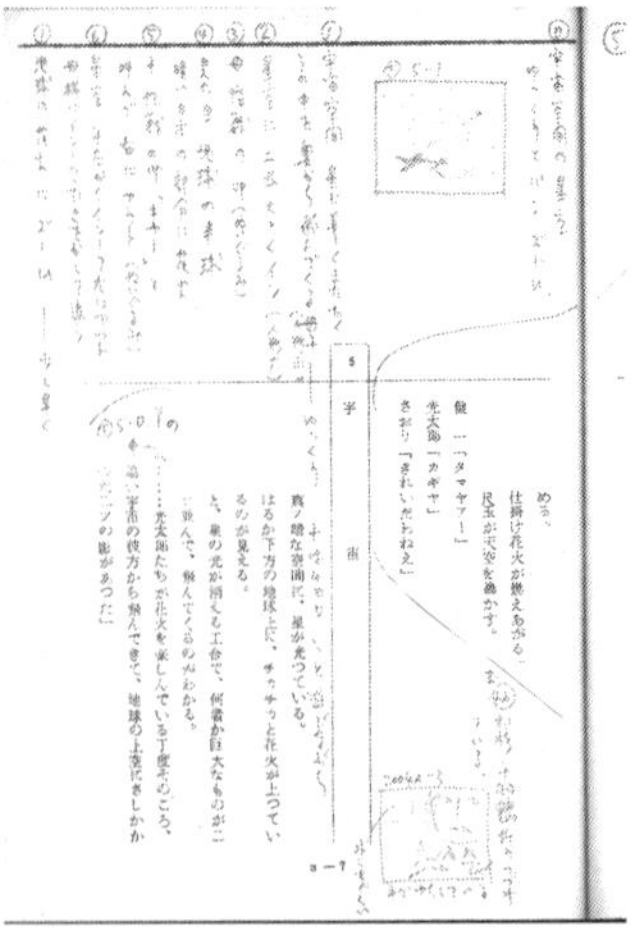

める。

仕掛け花火が燃えあがる。

尺玉が天空を焦がす。

健一「タマヤアー」

光太郎「カギヤ」

さおり「きれいだわねえ」

5 宇宙

真ッ暗な宇宙に、星が光っている。

はるか下方の地球上に、チカチカと花火が上っているのが見える。

と、星の光が消える工合で、何者か巨大なものがこちらへ飛んでくるのがわかる。

……光太郎たちが花火を楽しんでいる丁度そのころ、遠い宇宙の彼方から飛んできて、地球の上空にさしかか……ツの影があった」

a－7

第20話「びっくり！ 怪獣が降ってきた」冒頭の特撮字コンテ。

④
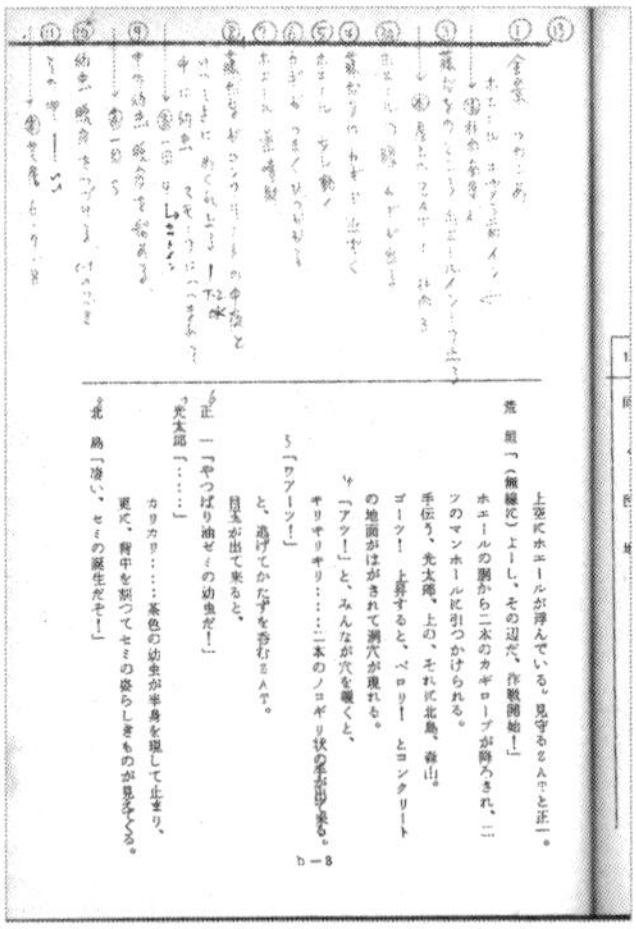

上空にホエールが浮んでいる。見守るZAT隊員と正一。

荒垣「（無線に）よーし、その辺だ、作戦開始！」

ホエールの胴から二本のカギロープが降ろされ、二ツのマンホールに引つかけられる。

手伝う、光太郎、上の、それに北島、森山。

ゴーツ！ 上昇すると、ベロリ！ とコンクリートの地面がはがされて洞穴が現れる。

「アツ！」と、みんなが穴を覗くと、

ギリギリギリ……二本のノコギリ状の手が出て来る。

「ワアーツ！」

と、逃げてかたずを呑むZAT。

目玉が出て来ると、

正一「やつぱり油ぜみの幼虫だ！」

光太郎「……」

カリカリ……茶色の幼虫が半身を現して止まり、

更に、背中を割つてセミの姿らしきものが見えてくる。

北島「凄い、セミの誕生だぞ！」

b－8

第21話「東京ニュータウン沈没」より、引っぺがし作戦シーンの字コンテ。

# 第三部
# かくて
# タロウは戦う!

## 石堂淑朗と阿井文瓶

二クール目のラストを飾るのは第二六話「僕にも怪獣は退治できる！」（監督・深沢清澄、特殊技術・小林正夫）である。脚本は、これがデビュー作となる阿井文瓶《あいぶんぺい》。現在は阿井渉介名義で小説家として活躍しており、一九八〇（昭和五五）年、『第八東龍丸』で第三五回小説現代新人賞を受賞している（阿井渉太郎名義）。阿井は四一年、北京に生まれ、早稲田大学第一文学部卒業後、広告代理店に勤めた後、脚本家デビューするわけだが、その経緯がなかなか面白い。

**阿井**　広告代理店はすぐに辞めて、地元の焼津に戻ったんです。小説家になりたかったんですが、書きたいといっても生活出来なければしょうがないし、他に何をやっていいのかわからなくて、母親の実家の家具屋を手伝って、タンスを運んだりしてました。

脚本家になろうとは思ってもみなかったんですが、結果的に石堂淑朗さんの弟子になるんです。そのきっかけというのが、斎藤龍鳳という映画評論家（注一）なんですよ。今では彼を覚えている人はあまりいないと思いますが、デモの中で放火、投石を、革命の前段階としてやるような人でした。僕は学生の時に、その人と時々会って遊んでいました。

龍鳳さんは〝山谷暴動〟で逮捕されたりした果てに七一年に亡くなるんですが、そのちょっと前、行方不明になってしまったんです。石堂さんはその頃、斎藤さんと仲が良くて、彼が時々

（注一）
一九二八～七一。終戦直後から映画批評を執筆、左翼的な批評で知られた。

焼津に来ていることを知っていたんで、「龍鳳がそっちに行っていないか？」と連絡が来た。

でもその頃、僕は龍鳳さんを持て余していて、絶交状態だったので「知らないです」と答えるしかなかったんですが、それが縁になって、斎藤さんの葬式などで石堂さんと会って、時々家に遊びに行ったりしていたんです。斎藤さんは下戸でしたが、石堂さんはお酒が大好き。二人とも海辺育ちで魚が好きなところから気が合ったんでしょうね。

僕は三〇歳になった時、アメリカに行こうと思い立って、石堂さんに挨拶にいったら、「アメリカに行くって、あんた、英語が話せるの？」「全く話せないです」「それは死にに行くようなもんだからちょっと待て。アメリカに行くような暇があるんなら、私は、今忙しいから仕事を手伝ってくれ」「何をすればいいんですか？」「口述筆記みたいなことをやってくれればいいんだ」と。

その頃石堂さんは、ATGで難しい映画をやっていて、他にウルトラマンや東海テレビ（フジテレビ系列）で昼帯もやっていました。よろめきドラマと当時呼ばれていたもので、その評判が良かったんですね。石堂さんは、そういったテレビよりも、ATG系の映画に力を注ぎたかったんだと思います。一人でアメリカに行くのも恐かったし、石堂さんの口述筆記を引き受けることにしました。

そこで石堂さんに「シナリオって知っているか？」と聞かれ、実は知らなかったんですが「知っています」と答えたら、「ちょっと書いてみろ」と。それで原稿用紙で五〇枚くらい書いて見せたら、「これは脚本ではない、監督の書く画コンテだ。何でこんなものを書いた」と言うから、

「伊丹万作（注二）の全集を読んで、こんなものかと思って書きました」と言ったら、石堂さん、自分の書いたものを見せてくれました。その時初めて、シナリオは二百字詰め（通称ペラ）に書くんだということを知りました。

当時僕は、新宿の抜弁天にアパートを借りて住んでいて、そこに石堂さんが転がり込んで来たんです。それが七一年頃。

こっちは一六〇数センチで、痩せていましたが、石堂さんは身長一八三センチ、六尺二〇数貫の巨体。野坂昭如さんと遊びに行った時、相撲を取って投げ飛ばしたとか言っていましたが、本当に力士のような人でした。

六畳一間にその魁偉と僕が二人。仕事はというと、夕方二人でマーケットに行って蒟蒻《こんにゃく》とかジャガイモとか、おでんの材料を仕入れるんです。それで石油ストーブの上に鍋を乗っけて、おでんを煮始めます。仕事が追わったらおでんで酒という段取りです。しかし、鍋からいい匂いがしてくると、もうダメ、酒盛りになってしまう。挙句、石堂さんは畳に鯨がのたうつように寝て、シナリオの内容を話し始めるわけです。僕はその横で口述筆記をしていく。

途中、話に詰まると、「おい、コイコイしよう」と言い出す。でも石堂さんはあまり強くなくて負けてしまう。そうするとカッカして来て、夜中の一時とか二時まで。もう、仕事なんだかコイコイなんだかよくわからない。二年くらい、そんな感じで仕事をしていましたね。

終わりの頃になると、石堂さんはストーリーを話して、結末はこういう風にするんだと言って、酒を飲んでグーッと寝ちゃう。「おいおい、どうするんだよ」と思ったんですが、書かなきゃ

（注二）
一九〇〇（明治三三）〜四六。映画監督、脚本家。監督としての代表作に『國士無双』（三二年）『赤西蠣太』（三六年、ともに日活）ほか。弟子に橋本忍がいる。

しょうがない。朝の七時には円谷プロの熊谷健さんが原稿を取りに来ますからね。それで熊谷さんに原稿を渡して、「石堂さん、さっきまで書いていましたが、今は寝ています」とごまかして。字もなるべく石堂さんに似せて、万年筆も同じもの、モンブランの極太を使って。でもああいうでかい人が使うのはいいんですが、私なんかが使うと、手がくたびれるだけでした。

当時は知りませんでしたが、シナリオの打ち合わせは石堂さんが橋本さんとやっていたと思います。そこで出たダメは石堂さんが現場で直して、大直しの場合は、私がやりました。

熊谷さんは、僕が口述筆記をしているのを知っていましたから、そのうちに「一本書いてみないか？」とお話をいただいて、石堂さんに相談したんです。すると「それはいいけど、だったらあなた、撮影の現場に行った方がいい」と言われて、『ウルトラマンA』の本編に二本だけ、フォース助監督として付きました。監督は山際永三さんと真船禎さん。当時、二人のことは全く知らなかったんですけど、テレビ界では有名な方だったんですね。山際さんの方は覚えていないんですが、真船さんはマザリュースです（第二四話「見よ！真夜中の大変身」）（注三）。

これに関しては、一つだけ自慢があります。田園調布に多摩川台公園という広いグラウンドのある公園がありまして、そのグラウンドいっぱいに蝋燭を立てて、私も含めて、手の空いているスタッフが火を点けていくわけです。でも風が吹くと消えちゃってね、大変でした。非効率な撮影なんですけど、凄いことをやっているな、と思いました。

本番はナイターで、夕暮れから準備を始めたんですが、西の空が夕陽で真っ赤に染まっていくんです。その時、ムクドリの群れがワーッと飛んだ。でも監督、全然気が付いていないから

（注三）
山際永三監督作は第二一話「天女の幻を見た！」、第二二話「復讐鬼ヤプール」の二本持ち。山際の撮影台本の本編スタッフ欄に〝阿井〟と鉛筆書きされている。証言で〝二本〟とあるのは、山際、真船の二本持ちに助監督として付いたという意味で、エピソードとしては四本分になる。なお、この後の証言にあるムクドリの映像は、真船の二本持ちのもう一本である第二三話「逆転！ゾフィ只今参上」中盤で使用されている。

「監督、あれを見て下さい！」と言ったら、「あ、すぐカメラを回せ！」と。それが完成作品では、怪獣が出現する予兆みたいな形で使われていました。ああ、僕の進言がきいたんだな、と嬉しかったですね。

現場は面白くて、もっといようと思ったんですが、「そんなにいる必要はない、早く帰って来い」と石堂さんに言われて、二本だけで、また口述筆記の仕事に戻ったわけです。それでデビューしたのが、『ウルトラマンタロウ』の中頃でしたね。

阿井のデビュー作「僕にも怪獣は退治できる！」は、事なかれ主義の気の弱い少年が、勇気を振り絞って怪獣に立ち向かう姿を描いた、一種の成長物語だった。

笠井竹雄（高橋仁）の父、仙吉（三代目江戸家猫八）は紙芝居屋。しかし竹雄は、父は会社の社長だと嘘をついている。健一と学校から帰る途中、三人の中学生に虐められている小学生を見かけるが、目を合わせないようにいこうと竹雄は言う。

しかし健一は、中学生が小学生の持つウルトラマンタロウのお面を投げ捨てるのを見て、勇気を奮って助けに入る。しかし三人の中学生に勝てるわけもなく、たちまち組み伏せられてしまう。そこへ通りかかったのが仙吉である。仙吉は、友達が虐められているのになぜ助けないのか、と竹雄を叱る。

その日は八幡様のお祭りだ。仙吉は自作の紙芝居を集まった子らに見せている。それは昔、巨大な百足《むかで》が村を襲ったという内容だった。すると天空にわかにかき曇り、地中から百足怪獣ムカデンダーが現れた！
　冒頭、健一が中学生達と喧嘩する場面では、短いショットを積み重ね、深沢清澄の演出は相変わらずシャープだ。三代目江戸家猫八は『快獣ブースカ』で、主人公である屯田大作少年の父、栄之助役で円谷プロ作品に初出演した。その後『ウルトラマン』第三七話「小さな英雄」でピグモン（再生）の声を担当している。

**阿井**　「僕にも怪獣は退治できる！」というのは、僕にも怪獣ものが書ける、という意味合いで付けたタイトルです。実は怪獣の名前を考えるのが嫌だったんですよ。みんなはゲロンゴとかバカンゴみたいな変な名前を付けていたんですが、そんなの大の大人が考えてられるか、と思って、ムカデだー、ムカデンダーでいいや、って。
　それでしばらく経って、いよいよ怪獣の名前を考えるのがしんどくなって来て、怪獣の名前だけを空白にして原稿を持っていって、「あとは適当につけて下さい」と橋本さんに言ったら、えらく怒られました。「それも原稿料のうちだぞ！」って。言われてみれば、主人公の名前を書いてないようなものですからね。

**田口**　橋本さんが、石堂さんのところの子に一本書かせてみたよ、と言っていました。阿井君は、ウルトラ育ちじゃない新人でした。ウルトラ育ちは、円谷イズムを背負って書いてしまう。その点阿井君は、まっさらでこだわりがない。ある意味自由に、割とスラスラッと書けるんです。

阿井の起用に関しては師の石堂の推薦もあったようだ。山際永三は「弟子の阿井を使ってくれ」と頼まれたと今回の取材で証言している。

本エピソードには素晴らしい合成カットが二ヶ所ある。まずは実景の社殿のバックにムカデンダーを合成したカット。上下《かみしも》の木の揺れた葉っぱ越しに特撮カットが合成されている。ここはハンドトレース（手書き）で合成マスクを切ったのではなく、実景カットの青空をブルーバックに見立てて、クロマキーで抜いたのだろう。

もう一つは、火の見櫓に登った光太郎にムカデンダーが迫るカット。このようなカットは、通常なら火の見櫓と光太郎をハンドトレースでマスクを切るのだが、逆にムカデンダーの方を同様の処理で合成している。見る側は火の見櫓と光太郎側にマスクを切ったと考えるのだが、ハンドトレース特有である対象物への輪郭線の食い込みがないので、一瞬ドキリとする。

なお、本エピソードの準備稿の印刷は七月十九日。しかし話数は入っておらず、八月二三日の決定稿まで一ヶ月以上空いている。変更点は少なく、しばらく寝かされた理由はわからない。

ただ、八月六日に第二八話「怪獣エレキング 満月に吼える！」の準備稿「マンモスの牙が満月に吼えた！」が、十三日に第三一話「あぶない！ 嘘つき毒きのこ」の準備稿「きのこジャングル！ 東京残酷物語」が話数なしで印刷されている。何らかの理由でこの二本が宙に浮いてしまったため、「僕にも怪獣は退治できる！」が浮上したのではないだろうか。

前者がボツになった理由は不明だが、後者は準備稿と完成作に大きな違いはない。キノコを食べた人間が怪獣化するという話のため、スポンサーに配慮して（メインスポンサーはロッテだった）、一時的に保留になっていたのかもしれない。

## 怪獣宇宙人登場シリーズ

第二七話「出た！　メフィラス星人だ！」から第三〇話「逆襲！　怪獣軍団」までは〝御存じ、怪獣宇宙人登場シリーズ〟（注二）と銘打って、『ウルトラマン』から『ウルトラマンＡ』までの敵キャラクターを続々登場させた。

その第一弾「出た！　メフィラス星人だ！」は、大原清（大原清秀）脚本、深沢清澄監督、特殊技術は小林正夫というトリオで担当。『ウルトラマンタロウ』に登場した敵宇宙人は、今回のメフィラス星人が初めてだ。それは制作者達が、本シリーズを怪獣路線として捉え、徹底していたということなのだろう。ここで宇宙人を登場させたのは、第三クール以降、バラエティ感を出そうという試みだったのではないか。

メフィラス星人は『ウルトラマン』第三三話「禁じられた言葉」に登場した宇宙人で、地球人の心に挑戦する実に知的な敵だ。樋口真嗣監督、庵野秀明脚本の『シン・ウルトラマン』（二〇二二年、配給・東宝）には、外星人メフィラスが登場。山本耕史演ずる人間の姿のメフィ

（注二）
〝御存じ、怪獣宇宙人登場シリーズ〟は、第二七話予告のナレーションでの説明。なお、ナレーションでは〝どうじょう〟ではなく〝とじょう〟と言っているが間違いではない。

ラスは「私の好きな言葉です」が口癖で、ファンの間で流行語となった。

本エピソードに登場するメフィラス星人（二代目）は、清涼飲料水の自動販売機の中にマンダリン草を忍ばせ、買い物に来た人々を小児麻痺（ポリオ）の症状に似たマンダリン病に感染させる卑劣漢だ。それは、地球上の子を全て虚弱な体質にしてしまおうという、星人のとんでもない作戦だった。しかも正体がばれるや「卑怯もラッキョウもあるものか！」と、三下奴みたいな台詞を吐くのだから、初代が持っていた気品や知性は微塵もない。見た目も初代のシャープさとは正反対、ブヨブヨとみっともないもので、おそらくはメフィラス星のチンピラだろう（注二）。

メフィラス星人が、なぜこのような卑劣漢になってしまったのか。それには理由がある。実は「出た！　メフィラス星人だ！」には原型となった脚本がある。「怪獣売ります」という準備稿で、七月三一日に印刷されている。内容はほぼ変わらないが、メフィラス星人は登場せず、自動販売機の中に潜んでいるのはキノコ怪獣マシュラである（なぜ自販機にマシュラがいたのかは明らかでない）。敵がメフィラス星人となった決定稿の印刷は八月二四日。つまり元々メフィラス星人を想定して書かれた脚本ではないので、あのようなキャラクターになってしまったというわけだ。

とはいえ、マンダリン病に感染した少年野球の怪物投手、史男（吉村影史）にスポットを当てたドラマは悲劇性があって面白く、夜に動き回る自動販売機は実に不気味である。飲み込んだ警官や販売機オーナーの靴などが販売機から出て来るカットは、大原が脚本を書いた

（注二）
実は初代メフィラス星人の弟で、エンペラ星人に仕える智将メフィラスの兄と言われている。

『江戸川乱歩シリーズ 明智小五郎』第二五話「白昼夢 殺人金魚」で、殺人者が郵便ポスト（丸型ポスト）に潜み、通りかかる人間を射殺していくシーンを思わせて楽しいし、史男の母親役で、往年のグラマースター根岸明美が出演しているのも嬉しい。実は筆者の好きなエピソードである。

第二八話「怪獣エレキング 満月に吼える！」（脚本・石堂淑朗、特殊技術・山際永三）の監督、高橋勝は、宣弘社の『光速エスパー』で特撮監督を担当した経験がある。『ウルトラマンタロウ』での本編監督はこの一本のみだが、特殊技術を四本担当している。本エピソードの特殊技術を担当した山際永三は記憶にないそうで、撮影台本も残されていない。

登場怪獣は月光怪獣エレキング（再生エレキング）。ウルトラセブンに倒されたはずのエレキングが、月の光を浴びてエネルギーを吸収し、月光怪獣として甦ったという設定だ。しかしオリジナルと違って角は回転せず、声はタッコングのものだった。

一旦はZATによって撃退されたように見えたエレキングだが、次の満月の晩に再出現が予想された。ZATはそれまでにエレキングを見付けて退治しなければならない。この縦糸に、猿飛佐助（大山正明）、ターザン（紺野秀樹）、孫悟空（西郷英利）というワンパク三兄弟が絡む。彼らは、祖父（今村源兵）に新しい入れ歯を作ってプレゼントするため、洞窟で見付けた怪獣の角を切り取ろうとする。だが、それはエレキングの角だったという話。

前述のように本エピソードの準備稿タイトルは「マンモスの牙が満月に吼えた！」で、登場怪獣はゴキバ。村でマンモスの牙のようなものが発見される。長老（三兄弟の祖父）が村人に語ったところによると、牙はもう一本あり、神社の宝物殿に納められている。二本を虎の牙のような形に並べ、そこへ満月の光が当たると恐ろしいことが起きるのだという。祖父の入れ歯を作ろうとした三兄弟が、牙を宝物殿の前まで運んでしまったためゴキバが甦る。準備稿の方が三兄弟の出番が多く、少年ドラマとしての完成度は高い。

「マンモスの牙が満月に吼えた！」で面白いのは、光太郎とZATの出番が極端に少ないことだ。脚本上で光太郎が登場するのは、シーン20・スカイホエール内部、シーン28・道、シーン29・老人の家のみで、台詞は三つしかない。これが篠田三郎のスケジュールの都合だったのか、石堂の狙いだったのかは不明。

〝御存じ、怪獣宇宙人登場シリーズ〟は、四本のうち二本（第二七、二八話）が一旦ボツになった脚本の再利用である。この四本が放送されたのは十月で、次回作を制作するかどうかが決定する重要な時期である。そこで過去の人気怪獣の再登場というイベントが用意されたようだ。そうすれば怪獣は一旦使用した着ぐるみか、アトラクション用で事足りるし、ならばいっそ、ボツになった脚本を再利用すればさらに予算面で助かる、という発想だったかもしれない。ただ、これは筆者の勝手な想像だ。

〝御存じ、怪獣宇宙人登場シリーズ〟の残る二本、第二九話「ベムスター復活！ タロウ絶体絶命！」、第三〇話「逆襲！ 怪獣軍団」は、前後編の大作。田口成光脚本、山本正孝監督、特殊技術は高野宏一。登場怪獣は宇宙怪獣ベムスターと異次元人ヤプール（巨大ヤプール体）（注三）。ベムスターの声は、またしてもタッコングを（部分的にバードドンも）流用している。

（注三）円谷プロの公式設定ではベムスターとヤプールの後に（改造）と表記するが、クレジットにはない。

後編にはサボテンダーとベロクロンも登場するが、二頭の超獣はクレジットされていない。

二〇歳の熱血漢、海野八郎（大和田獏）は、寺の本堂を借りて「寺子屋」という塾を開いている。塾には健一と、ZAT第一ステーション隊長である佐野の息子、とおる（宮田真）もいた。

しかしZAT第一ステーション（注四）は、ヤプールの操るベムスターに飲み込まれ、乗組員は全員殉職してしまう。ここまでの展開は、ベムスターが初登場した『帰ってきたウルトラマン』第十八話「ウルトラセブン参上！」をなぞっている。「ウルトラセブン参上！」は、ベムスターに飲み込まれたマットステーションの梶（南廣）（注五）の仇を討つため、加藤隊長（塚本信夫）がMAT総力戦でベムスターに挑む。一方、『ウルトラマンタロウ』のベムスター編では、ZATの総力戦と、自分で怪獣を倒そうとする海野の物語がカットバックで描かれる。

寺子屋に通っている小学生の二人が、いつも怪獣に負けてばかりのZATの不甲斐なさを健一に語り、しまいには「俺達にはウルトラマンタロウがついている。困った時にはいつでも来てくれる」と言い出す。このままでは、この子達は他人の力に頼る弱い人間に育ってしまうと海野は感じ、ベムスターを自分の手で倒そうと考える。立場は違うが、登場人物が防衛隊の存在意義に疑問を抱く展開は『ウルトラマン』第三七話「小さな英雄」的である。

田口は、過去のシリーズの二つのエピソードを思わせるストーリーラインに、『ウルトラマンA』の宿敵、異次元人ヤプールを登場させることによって、それまでのシリーズの集大

（注四）
劇中では第一ステーションのほかに〝ステーションNO．1〟とも呼ばれていて、統一性がない。なお、脚本で佐野隊長が乗っているのは〝ステーションNO．2〟である。ステーションを二機も出すと煩雑になるので、変更になったのだと推測する。

（注五）
このエピソードでのクレジットは〝南広〟。

成を狙っているかのようだ。そして海野がベムスターを倒すために実行した作戦が、実に『ウルトラマンタロウ』的である。彼はダイナマイト（入手経路は明らかにされない）を持ったままベムスターの口に飛び込み、喉の奥へ投げるのだ。竹の弾力で怪獣に飛び乗る「やさしい怪獣お父さん！」もそうだが、こういう突拍子もないことが出来るのがこの番組なのである。つまり過去のシリーズの集大成的なエピソードを、『ウルトラマンタロウ』の世界へ力業で持っていったとも言える。

　この命懸けの作戦はベムスターがダイナマイトを吐き出したため失敗に終わるが、それが後編への伏線となる。ベムスターは顔の口ではなく、腹部の口からエネルギーを摂っていることにZATが気付き、濃縮エネルギー爆弾攻撃を行うことになる。

　クライマックスは、このZATの作戦と、ベムスターの顔によじ登って瞼を突き刺す決死の行為に出る海野、そしてタロウと怪獣軍団の戦いが並行で描かれる。ベムスターの助っ人として登場するのが、超獣サボテンダー（改造）とベロクロン（改造）（注六）。しかしサボテンダーはタロウに、ベロクロンはZATの攻撃で倒され、最後に残ったベムスターはZATのエネルギーA爆弾、B爆弾の反応によって大爆発する。このように、後編のクライマックスはタロウ、ZAT、海野が協力して怪獣軍団に立ち向かうというワクワクする展開になっており、実に楽しめる。

　ただ一つ残念なのは、熱血漢の海野にスポットが当たるため、元祖熱血漢の光太郎の影が、やや薄かったことだ。

（注六）脚本では〝超獣××〟〝超獣〇〇〟と表記されている。二頭に個性がないのはこのためだ。

**田口**　『ウルトラマンタロウ』では身近な話を書いて来ましたが、これもそうですね。普通の人でも怪獣が倒せる。塾の先生が、死力を尽くしてベムスターと戦うことで生き方を教える。学習塾じゃなくて、学童クラブですね。塾の先生は東光太郎的な熱血キャラクターで、橋本さんが好きそうな話ですね。先生を演じた大和田獏さんは、デビューして二本目ぐらいだったと思います。

監督は山ちゃん（山本正孝）でした。山ちゃんはずっと円谷プロで仕事して来たから、過去の怪獣をよく知っているということもありました。

この〝御存じ、怪獣宇宙人登場シリーズ〟が放送されたのは、前述の通り七三年十月だが、ちょうどこの月、オイルショック（第一次）が日本を襲った。原因となったのは第四次中東戦争である。十六日、中東の産油国が原油価格の七〇％引き上げを決定。それを受け、十九日に田中角栄内閣の通産大臣、中曽根康弘が〝紙節約〟を呼びかけたことから、紙がなくなるという流言飛語が飛び交い、トイレットペーパーの買い占め騒動が起きたのだ（トイレットペーパー騒動）。

ここからは少々尾籠な話になる。当時、筆者が住んでいた秋田県湯沢市は下水道が整備されておらず、ほとんどの家のトイレは汲み取り式でトイレットペーパーではなく落とし紙だった（さらに田舎の方に行くと、新聞紙だったりした）。したがって都会のような騒動は起こらず、筆者は買い占めに走る人達のニュース映像を、対岸の火事のように眺めていたことを覚えている。

しかしオイルショックは日本経済に大打撃を与え、次回作『ウルトラマンレオ』に暗い影を落とすのである。

## ウルトラ兄弟のバーベキュー

第三一話「あぶない！ 嘘つき毒きのこ」、第三二話「木枯し怪獣！ 風の又三郎」の脚本はそれぞれ大原清秀（本名で初の執筆）、阿井文瓶。監督は筧正典、特殊技術は本編畑の深沢清澄が担当した。

前記の通り「あぶない！ 嘘つき毒きのこ」の準備稿タイトルは、「きのこジャングル！東京残酷物語」である。登場怪獣はマシュラで、「出た！ メフィラス星人だ！」の準備稿「怪獣売ります」に登場した怪獣名の再利用。完成作品との最大の違いは、冒頭、数十本もの巨大キノコが東京のど真ん中に発生することだ。デジタル時代の今ならともかく、アナログ特撮でこれを表現するのは手間も時間も、つまり予算がかかる。したがって完成作品では、一本の巨大キノコが妖しくニョゴニョゴ動くシーンに変更された。

本エピソードは、生き残っていたキノコの毒素によって、団地中の人間はおろか、ZAT

の荒垣、南原、北島までがキノコ人間になってしまう。頭にキノコのかぶり物をした人間が団地のあちこちにボーッと突っ立っているシーンは、かなりシュールな画面だった。

本エピソード以降、特撮は東宝スタジオから場所を移し、仙川にあった栄スタジオの第三ステージ（別名、仙川スタジオ）で撮影された。操演、特殊効果はそれまでの小川昭二、渡辺忠昭から特効センターに交代した。ただ、決定稿には〝操演技術・平鍋功〟〝特殊効果・高野清一〟と印刷されている。平鍋と高野は、東宝美術が特撮を請け負っていた時期から数本『ウルトラマンタロウ』に応援技師として参加していた。

撮影スタジオが変更された理由は、大ヒットした特撮大作『日本沈没』（七三年、監督・森谷司郎、特撮監督・中野昭慶）の影響である。同作は特撮が七三年九月三日第九ステージで、本編が九月二七日第六ステージ、総理私邸のシーンからクランクインしている（注一）。「あぶない！嘘つき毒きのこ」決定稿の印刷は九月二五日。つまり『日本沈没』が本編、特撮ともに東宝スタジオを使用していた時期と重なる。

円谷プロならば、代わりに『ウルトラQ』の時代から使用していた東京美術センター（美セン）を使用するのが普通だが、美センはこの時期、改装工事中だったのだ。七三年十一月、美センは東宝ビルトとして生まれ変わるが、二〇〇八（平成二〇）年十月、その役目を終えたとして閉鎖された（注二）。

「木枯し怪獣！風の又三郎」は一風変わった、しかし心に残るエピソードだった。

ある日の午後、学校の屋上で健一が仲間達（完成作品で名前は呼ばれないが、脚本では広

（注一）
本編はそれに先立つ八月十一日以降、数日B班の実景ロケが入っていた。

（注二）
美センで撮影された最後の作品は『行け！ゴッドマン＆グリーンマン』DVD-BOX特典Discの新作映像『行け！ゴッドマン』だった。〇八年五月、筆者は撮影に立ち会い、本番の一部に飛び入り操演で参加したが、その日の午後、現場付近に凄まじい黄塵が舞い、辺り一面、幻想的な色彩に包まれた。ビルトの最後としては、実にふさわしい光景だったのではないだろうか。

志、新一、光子）と気象観測をしていた。健一が望遠鏡を覗くと、いきなり怪しい黒雲が湧き出す。驚いて望遠鏡から目を離すと、屋上の隅に、黒いこうもり傘があり、その陰にいたのは、転校生のドンちゃん（大山正明）だった。ボサボサの頭に丸眼鏡をかけているが、ツルの片方は壊れていて白いゴム紐で代用している。服は薄汚れた学生服で、灰色の短パンも古い。しかも靴ではなく下駄を履いている。まるで昭和初期の小学生のような不思議な出で立ちだった。

ドンちゃんは同級生から〝空想屋〟と呼ばれていた。この教室は宇宙船で、先生は宇宙人だなどと言い出す変な子だからだ。それにウルトラマンより怪獣が好きだという。

だが健一は、ドンちゃんと友達になろうと、望遠鏡を覗かせてやる。と、ドンちゃんは望遠鏡に目を付けて〝おいで、おいで〟の仕草をする。気になった健一がレンズを覗くと、巨大な目がギョロリと動いた。それは木枯し怪獣グロン（準備稿ではダイグロン）の目だった。東北地方で嵐を発生させたグロンは、それに隠れて東京へ上陸したのだ。

ドンちゃんは、ラストシーンを除き一切台詞がない。何を言われても、聞かれても、ニコニコ笑っているだけだ。ドンちゃんとグロンの関係はよくわからないが、その存在を感じ取ることが出来るらしい。

ドンちゃんが怪獣を呼んだと思い込んだ広志とその仲間達は、学校帰りに待ち伏せて、ドンちゃんを脅そうとする。その時一陣の風が吹き、木の葉が舞い上がる。それは彼らの目に張り付き、視界を遮る。皆は恐くなって逃げ出す。ドンちゃんはというと、いつの間にか街路樹の上にいて、ニコニコといつもの笑顔を浮かべている。そして傘を開くと、フワッと地面に着地した。

驚く健一を、ドンちゃんはこうもり傘の中へ誘う。傘をクルクル回すと、二人の周りを色とりどりの木の葉が回転する。そう、ドンちゃんは〝風の子〟なのだ（劇中、明言はされないが、ナレーションで暗示される）。

タイトルでおわかりの通り、本エピソードは宮澤賢治の『風の又三郎』を下敷きにしている。したがってラストは、健一とドンちゃんに唐突な別れが訪れる。

タロウがグロンを倒し、晴れやかな朝が来る。健一が登校すると、ドンちゃんの姿がない。心配していると、ドンちゃんは遠くの山の中の学校へ転校したと告げられる。と、一陣の風が吹く。落ち葉や埃が舞い、皆は目が開けなくなる。

しかし健一は見た。青空にドンちゃんの黒いこうもり傘が飛び、小さくなっていくのを。

「戻っておいでよ！」

「健ちゃん、僕も怪獣より、ウルトラマンの方が好きになったよ」

ドンちゃんの声は健一にしか聞こえない。そんな健一を、ＺＡＴや小学生達が不思議そうに見ている。しかし荒垣は一人、納得したように空を見て頷いている。怪訝そうに北島が尋ねる。

「副隊長、何か見えるんですか？」

「見えない。しかし、我々に見えないからと言って、あそこに何もないとは言えんぞ。大人になってしまうと、だんだん見えなくなっちまうものもあるんだよ」

この荒垣の台詞が、本エピソードのテーマを表している。「木枯し怪獣！風の又三郎」は、あの時、あの瞬間にしか体験出来なかった少年時代を、健一の目を通して描いたのだ。ラストの余韻が感動的な佳作である。

**阿井**　熊谷さんは、こういう話が好きでしたね。後で〝童謡シリーズ〟ってありましたよね。熊谷さんは画が描ける人ですから、時には自分のイメージを画で描いて来たこともありました。あのシリーズは、自分でも乗って書いていましたよ。

第三三話「ウルトラの国 大爆発5秒前！」、第三四話「ウルトラ6兄弟最後の日！」は、またしても前後編の大作。脚本、監督はそれぞれ佐々木守、真船禎、特殊技術は山本正孝だ。佐々木は実相寺昭雄とのコンビで、『ウルトラマン』『ウルトラセブン』『怪奇大作戦』で異色作、名作を連発した当時のスター脚本家だ。『ウルトラマンタロウ』にはこの二本だけの参加で、この後の円谷プロ作品では、未映像化に終わった劇場映画『元祖ウルトラマン怪獣聖書』、『ウルトラQ 怪獣協奏曲《モンスター・コンチエルト》』、九〇年公開の『ウルトラQザ・ムービー 星の伝説』（配給・松竹）（注三）、そしてTBSラジオの『ウルトラQ倶楽部』（〇三～〇四年）で実相寺と組んでいる。その後、『シルバー仮面』のリメイクを企画するが果たせず、〇六年にこの世を去った。同年、佐々木が残した遺稿を基に実相寺は『シルバー假面』を映画化する（注四）。

（注三）製作は松竹、セガ・エンタープライゼス、東北新社、円谷映像。円谷プロは原著作。

（注四）三部作のうちの第壱話。配給はジェネオンエンタテインメント。筆者は〇一年、『怪奇大作戦大全』のインタビューの際、佐々木からリメイク版『シルバー仮面』の構想を聞いた。

そしてこれが、実相寺の最後に手がけた作品となってしまった。
真船禎は『帰ってきたウルトラマン』第三〇話「呪いの骨神 オクスター」、第三一話「悪魔と天使の間に・・・・」で円谷プロ作品に初参戦。『ウルトラマンA』では番組屈指の名作、第二三話「逆転！ ゾフィ只今参上」を脚本、監督している。また、佐々木守と組んだ東海テレビ制作の昼帯『三日月情話』（注五）は浦島伝説、日本騎馬民族説に基づいた異色のドラマとして、今なおファンが多い。

**真船** 『ウルトラマンA』は内容が厳しくて受けなかったんで、『ウルトラマンタロウ』はホームドラマ調になった。でも僕は楽しんで撮りましたよ。本数は少なかったんですが。

「ウルトラの国 大爆発5秒前！」は、ウルトラの国を攻撃して全宇宙を征服しようと企むテンペラー星人（クレジットでは〝宿敵！ テンペラー星人〟）のシーンから始まる。しかし本星からの指令で、ウルトラ兄弟が地球にいると知った星人は、宇宙船で地球へ向かう。
脚本上、テンペラー星人は二度名称が変わっている。第三三話準備稿「ウルトラ兄弟全滅作戦！―前編―」ではブルトン星人、第三四話準備稿「ウルトラ6兄弟最後の日！―後篇―」ではエンペラー星人（一箇所エンペラ星人と印刷されている）、そして完成作品ではテンペラー星人となった。ブルトン星人という名前は『ウルトラマン』第十七話「無限へのパスポート」に登場する四次元怪獣ブルトンと、エンペラー星人は第二五話「燃えろ！ ウルトラ6

（注五）七六年四月五日～五月二一日、フジテレビ系列。

兄弟」で、ゾフィーの語りに登場するエンペラ星人とダブるので、テンペラー星人というよくわからない名称になったのだろう。

「ウルトラ兄弟全滅作戦！―前編―」で、ブルトン星人はカブト虫とゴキブリを合わせたような宇宙人と描写されている。「ウルトラ6兄弟最後の日！」で、さおりを襲うのが不気味な大蜘蛛（市販の蜘蛛のゴム製玩具を使用）なのは、その名残だ。

なお、本星からの指令を伝えるのは、シンバルを叩きながら、歯をむき出しにする猿の玩具だ。これは脚本に指定がなく、演出段階で真船禎が出したアイディアだった。

**真船**　当時、大学受験を応援する猿ということで、玩具屋さんで売っていたんですよ。こんなことで大学受験をするんだったら、宇宙を司るのが猿だっていいじゃないか、と思いついてやったんですが、少々、調子に乗りすぎたかもしれません。

地球では、光太郎が兄達のために海岸でバーベキュー（脚本ではスキ焼き）を用意していた。ゾフィーはパトロールしているので到着が遅れているが、他の兄弟達はハヤタ（黒部進）、ダン（森次晃嗣）、郷（団次郎、後の団時朗）、北斗の姿で光太郎の前にやって来る。

かつてのウルトラヒーローが人間の姿で登場するのは、『帰ってきたウルトラマン』第三八話「ウルトラの星 光る時」にハヤタとダンが登場して以来だ。そこでは台詞がごく少なく、特別出演という感じだったが、この前後編は、甘えん坊のタロウを兄達が見守るという設定なので、かつてのヒーローとの共演がたっぷり楽しめる。しかもゾフィーが人間の姿で（身体を借りて）初登場するという、嬉しいプレゼントもある。

この前後編でのタロウは半人前で、ウルトラ兄弟の一員としてまだ認められていないという、これまでの展開から考えると違和感のある設定になっている。

**真船**　これは、光太郎が岩場でバーベキューをやっているところから始まる。お兄さん達の前では威張っているんですが、彼はウルトラ兄弟の末っ子だということで、甘えん坊という設定にしたんです。そのタロウを一人前にしようと、兄達があえて突き放すという話です。

東京にテンペラー星人が現れた。だが、ウルトラ兄弟が出ていけば東京が戦場になってしまう。そこでハヤタらは光太郎に、星人をここまで誘い出して来るように言う。一人で行くことに光太郎は不服だが、渋々東京に向かう。しかしテンペラー星人は、タロウの誘いには乗らない。そこで兄達に助けを求めるが、タロウをたくましい兄弟の一員にするため、あえて彼を突き放すのだった。

ウルトラ兄弟はZAT隊員の身体を借りて、タロウを傍から見守ることにする。ウルトラマンは荒垣に、ウルトラセブンは北島に、帰ってきたウルトラマンは南原に、エースは上野に、そしてゾフィーは宇宙研究の権威である大谷博士（竜崎勝）に。一方、光太郎は再びタロウに変身して戦うが、テンペラー星人の力は強大で、全く歯が立たない。

佐々木守は、前編でタロウを四度登場させている。同じエピソードでヒーローを複数回登場させるのは、『ウルトラマン』以来の得意技だ（『シルバー仮面』『アイアンキング』でも同様）。今回はタロウの精神的な弱さ、実力不足を強調するために繰り返し登場させている。タロウは必死に戦うが、テンペラー星人に敗北を喫する。タロウが死んだと思った兄達は変身してテンペラー星人の前に立ちはだかる。

その時、傷付いた光太郎の前に、赤いボールが転がって来た。それは大谷博士の息子、栄一（西脇政敏）が投げたウルトラマンボールだった（脚本では〝ウルトラボール〟）。栄一はタロウの仇を討とうと、ウルトラマンボールをテンペラー星人に投げつける。と、ボールは星人の目の前でパカリと割れ、中から小さくなったタロウが、桃太郎のように現れる。タロウはそのままテンペラー星人の口から体内へ飛び込み、巨大化して星人を倒す。

続く後編は、自分一人でテンペラー星人を倒したと慢心する光太郎の姿が描かれる。ダンやハヤタは、チームワークが取れていなければ、絶対に試合には勝てない、と光太郎をたしなめるが、聞く耳を持たない。

この展開に、ハタと膝を打った方がいるだろう。師やコーチに突き放された主人公が苦心して戦いに勝つが、その後慢心する。これはスポ根ものの典型的なパターンである。佐々木は、スポ根ものの代表作『柔道一直線』（注六）のメインライターだった。本エピソードは『柔道一直線』的な世界観で書かれているのである。

ところでこの前後編には、劇中ひんぱんにウルトラマンボールが登場する。上に向かって

（注六）六九年六月二二日～七一年四月四日。

投げると、空中でボールが割れ、中からパラシュートが出てゆっくり着地するという玩具だ。あれには一体どんな意味があったのだろう。

**真船**　玩具屋からの売り込みだったんです。玩具屋が売り込みに協力してくれと言うんで、『ウルトラマンタロウ』で使ったんですが、協力はしましたが、お金は一銭も貰っていませんよ。あれはちょっといい加減でしたね。商戦に乗っかってしまったために、残念な作品になってしまいました。

佐々木守は、この前後編について以下のように語っている。

佐々木　新しくなってからのウルトラマンは、『ウルトラマンタロウ』で真船禎さんとやった2本だけです。あれも真船さんから頼まれたから書いただけで、いろいろカセもあって僕自身はいい作品と思っていません（注七）。

それにあの頃、僕自身もあまりウルトラマンを書きたくなかったし、僕は実相寺がいるから書いたというのを橋本さんもわかっていたんだと思うんですよ。だから僕が頼めば嫌だとは言わないけれども、いいものはできないだろう、というのがあったと思うんですよね。（『KODANSHA Official File Magazine ULTRAMAN VOL.10』より、インタビュー、構成は筆者）

（注七）その〝カセ〟の一つがウルトラマンボールだった。これはオリジナルのインタビューでは、割愛した部分である。

監督も脚本家も、この前後編は満足の行く結果ではなかったのだが、篠田三郎にとって、真船禎は印象に残る監督だった。

**篠田**　真船さんは、俳優を引っ張っていく力というか、俳優をやる気にさせる馬力があります。長回しも多かったりして、良い意味で現場の緊張感を作って下さり、刺激になりました。本数は少なかったんですが、物凄く印象に残る監督ですね。その二年後には真船監督が全編監督された『金のなる樹は誰のもの』でお世話になりました。

## 昇る朝日に跪《ひざまず》く

『ウルトラマンタロウ』には話数なしの準備稿、未映像化作品が多い。十月の前半は、それが集中している。列記すると十月四日印刷「幻の母は怪獣使い！」（大原清秀）、「花嫁人形 氷の牙が光る時！」（阿井文瓶）、八日印刷「銀河を翔ろ！タロウからの手紙」（大原清秀）、「怪獣無情！　昇る朝日に跪く」（実相寺昭雄）である。これらには全て話数が与えられていない。参考として、この時期映像化された脚本は、第三三話準備稿「ウルトラ兄弟全滅作戦！―前篇―」が九日に、第三四話準備稿「ウルトラ6兄弟最後の日！―後篇―」が十一日に印刷されている。

話数なしの四本の脚本のうち、「花嫁人形 氷の牙が光る時！」は第三六話「ひきょうもの！花嫁は泣いた」（決定稿印刷は十月二四日）として、「幻の母は怪獣使い！」は同名で第四二話（決定稿印刷は十二月三日）として映像化されている（内容については後述）。印刷時期から考えると、「花嫁人形 氷の牙が光る時！」「幻の母は怪獣使い！」は、元々真船禎監督用の脚本だったのではないだろうか。しかし真船の意向で別作品にすることとなり、脚本が宙に浮いてしまったという可能性が考えられる。先に引用した佐々木守の〝僕が頼めば嫌だとは言わないけれども〟という証言も気になる。真船の依頼で、多忙な佐々木が急遽書いたのが「ウルトラの国 大爆発5秒前！」「ウルトラ6兄弟最後の日！」だったのではないだろうか。ただ、これは筆者の推測に過ぎない（真船自身は記憶にないそうである）。

「銀河を翔ろ！ タロウからの手紙」には、青い雪を降らせて人々を凍結する怪獣アイスラーが登場する。最初の犠牲者は郵便配達員で、奥多摩の工事現場に手紙を届ける途中、アイスラーに襲われて氷柱にされてしまう。ドラマは三代続く郵便配達員の久保久太郎、その仕事を嫌っている息子の澄夫、飯場を逃げ出した荒くれ者の石田勝治を軸に展開する。

勝治は久太郎の郵便カバンに入った現金書留を狙うが、アイスラーに襲われて洞窟へ逃げ込む。光太郎もそこへ逃げ込んで来る。光太郎は、飯場へ手紙を届けに来た久太郎と会っていて、カバンの中には勝治宛の手紙が入っていると言う。それは妹の千代子が兄に宛てたものだった。妹の手紙を読んで勝治は改心する。

二人が洞窟を脱出するシーンがユニークだ。彼らはアイスラーが吐き出した青い雪で、雪だるまを作り、その中に隠れて抜け出す。

タイトルにある〝タロウからの手紙〟とは、ラスト、久太郎のカバンの中の手紙を、タロウが全国に配達するシーンがあることから。本稿がボツになった理由の一つは、「花嫁人形氷の牙が光る時！」同様、冷凍怪獣が登場する内容だったことが考えられる。

それにしても「怪獣売ります」「きのこジャングル！東京残酷物語」を含め、大原清秀の脚本はボツになったり、しばらく寝かされたりと扱いがあまり良くない。

実相寺昭雄による（注一）「怪獣無情！昇る朝日に跪く」は、以下のようなストーリーだ。

古都鎌倉で多数の家出人が出ていた。光太郎といずみは、地元警察の木下刑事の依頼で鎌倉にやって来た。木下は二人を大仏（高徳院の阿弥陀如来坐像）に連れて来る。そこで確かに何かが起きているのだが、木下にはその正体がわからなかった。それをＺＡＴに考えて欲しいと言うのだ。

ある日、大仏の前で手を合わせていたカップルの男が、忽然と姿を消した。その夜、別のカップルが大仏の前にいた。男が「死にたい。どこかに行きたい」とつぶやくと、大仏の目がランランと光り、男は一瞬で消滅してしまった。

木下は、この事件の背後に宇宙人の気配を感じる。荒垣達は調査を開始するが、何の手掛かりも得られなかった。連絡要員として基地に残っていた光太郎は、透視テレビ装置で大仏を見ていた。と、一瞬その目が光ったように見えた。

（注一）実相寺がシリーズに脚本を提供するのは『帰ってきたウルトラマン』第二八話「ウルトラ特攻大作戦」以来。『帰ってきたウルトラマン』には他に、ボツになった「月のメルヘン」がある。

基地へ帰還した隊員達に、光太郎は世界の巨大モニュメントのスライドを見せる。この一年間、それらの場所で四次元現象、もしくは宇宙人の手による人間蒸発事件が頻発していたのだ。

夜、光太郎の発案で四次元Ｘレイ装置が大仏のもとに運ばれた。二台は地上から、一台は空中からＸレイを放射すると、光の輪に包まれた大仏から〝ウェルズの想像したような宇宙人〟（注二）が現れた。宇宙人コダイ（脚本の本文に宇宙人の名前はないが、キャスト欄には〝宇宙人コダイ〟と記されている）は〝死にたい〟〝消えてしまいたい〟などと大仏の前で願った人々を飲み込んでいたのだ。そして彼らを、宇宙の果てで奴隷として使うつもりだった。

コダイの吐く火で、炎に包まれる大仏。火は光太郎の操縦するＣ機（脚本での表記。コンドルのことか）にも命中！　きりもみしながら墜落していく。タロウ登場！　しかしコダイの力は強大で、さしものタロウも防戦一方となる。

夜が明けた。タロウを叩きのめしていたコダイの後ろで、突如、大仏が立ち上がる！　そしてコダイを軽々と抱え、暁の黎明に輝く海の中へ沈んでいった。

後日、光太郎といずみが大仏を訪れると、大勢の観光客で賑わっている。いずみが〝どこかに連れていって下さいって祈ろうかな〟と言うと、光太郎は〝それだけはやめろ〟と答える。二人で笑い合って、物語は終わる。

準備稿ゆえ、ＺＡＴの隊員達のキャラクター（特に光太郎）に違和感があるが、実相寺らしい皮肉の効いた脚本で、何と言っても大仏が立ち上がるというイメージが素晴らしい。

（注二）Ｈ・Ｇ・ウェルズの『宇宙戦争』に登場する火星人のイメージだろう。

実相寺昭雄の著書『夜ごとの円盤 怪獣夢幻館』（大和書房刊）所収の「解説と自註のための閑語」に本人の証言がある（特撮研究家、池田憲章との対談）。以下、引用する。

池田 「昇る朝日に跪く」もプロデューサーの熊谷健さんの依頼ですか？

実相寺 そうです。

池田 N・Gになったのはなぜですか？

実相寺 お金の問題で駄目になった。デザインの池谷さん（引用者注・池谷仙克）もノって、面白いのが出来るはずだった。自分で「第四惑星の悪夢」（注三）みたいなのをやっときながら、他人のために書くと、金のかかるのになってしまうものですね。（中略）ハイテクの最先端が、光の当て方によっては観音像に見えるという、大きな包まれ方が僕の中にある。そこに帰依したいという思いがね。（中略）大仰に言うと、「昇る朝日に跪く」も科学と宗教がテーマにある。でも発想の根幹は、ただ座っている大仏を立たせてみたいということだったんです。人間のドラマからの発想じゃなかった。やっぱり、何百年も坐り続けた大仏が立ち上がる時の快感、カタルシスというかさ、特撮じゃないと描けないでしょう。

〝池谷さんもノって〟という証言から、「怪獣無情！ 昇る朝日に跪く」は、第四話「大海亀怪獣 東京を襲う！」、第五話「親星子星一番星」の特撮を日本現代企画が下請けしたように、実相寺と池谷のコダイグループが請け負うつもりだったのではないか、というニュアン

（注三）『ウルトラセブン』第四三話。番組後半は予算がなかったため、特撮シーンを極力排除しようという発想で生まれたエピソード。

スを感じ取ることが出来る。池谷は『ウルトラマンタロウ』には参加していないが、「怪獣無情！ 昇る朝日に跪く」の特殊美術として、宇宙人のデザイン、セット図面などを作成していたのだろう。

「怪獣無情！ 昇る朝日に跪く」は、鎌倉大仏周辺のミニチュアセットと、セットプールを組む必要があり、かなり大がかりな特撮となる。二話分だけではセットプールの分だけ赤字になったという、第一部で引用した鈴木清の証言を思い出して欲しい。受注するならば、予算調整がきく脚本がもう一本欲しいところだ。

それに当てはまるのが「銀河を翔ろ！ タロウからの手紙」だ。この脚本は舞台が山中に限られているため、予算はさほどかからない。つまり、この二本は二本持ちとして用意されたのだが、全体の予算の関係でボツになってしまったという可能性が考えられる。しかし、実相寺も池谷も鬼籍に入った今、この仮説を証明するのは困難である。もし「怪獣無情！ 昇る朝日に跪く」が映像化されていれば、『ウルトラマンタロウ』に異色作が加わっていたはずで、つくづく残念である。

## 炸裂する石堂節

第三五話「必殺！　タロウ怒りの一撃！」、第三六話「ひきょうもの！　花嫁は泣いた」は、脚本がそれぞれ田口成光、阿井文瓶、監督は深沢清澄、特殊技術は高橋勝である。

「必殺！　タロウ怒りの一撃！」は、めつぶし星人カタン（カタン星人）が、青木まち子（浅野由香）という少女を利用し、光太郎を抹殺しようとする話。ストレートな宇宙人もので、『帰ってきたウルトラマン』や『ウルトラマンＡ』の一編だったとしても違和感がない。また、第十話以来、ひさびさに朝日奈隊長が登場しているが、荒垣副隊長は出番がない。上野隊員を演じた西島明彦は本エピソードが最後の出演となった。

西島　僕は『タロウ』に最後までは出ていないんです。というのが、『銀座ＮＯＷ』（注一）に出ることになって。ＴＢＳ同士なんでいいんじゃないかということで、当時は事務所の言われるがまま。そういうもんですか、ということで。今考えると、円谷プロさんには本当に悪いことをしちゃったんですけどね。（『タロウタロウタロウ　ウルトラマンタロウ』西島明彦インタビューより）

また第三五話以降は、第四二話「幻の母は怪獣使い！」（大原清秀）を例外として、田口成光、阿井文瓶、石堂淑朗の三人が脚本を担当する。

（注一）バラエティ番組『ぎんざＮＯＷ！』のこと。七二年十月二日～七九年九月二八日。

**阿井**　一本書いたら、熊谷さんから「次はいついつまでね」という感じでした。とにかく、橋本さんが大変力を入れて下さって、橋本さんの意の通りに書いていたという感じです。色々変なことをやっていたんですが、橋本さんから「テレビはそういうものじゃない」と厳しくチェックが入るんです。

最初にプロットを持っていく時から準備稿が上がるまで、橋本さんと二人で話しながら作っていきます。ともかく、全部相手が橋本さんでしたから、こっちは本当にカチカチに緊張するし、あんな鋭い人は見たことがないと思うくらい、理詰めで頭のいい人でした。

阿井による「ひきょうもの！　花嫁は泣いた」の脚本は、前記の通り「花嫁人形　氷の牙が光る時！」の改稿である。ただし冷凍怪獣（完成作品は宇宙人）が登場し、姉弟愛というテーマが共通するだけで内容は全く異なる。全面改稿の、いわゆる大直しが行われている。

準備稿の展開はこうだ。良夫と通子の姉弟には、両親がいない。良夫は通子が嫁入りすると、独りぼっちになるのが寂しくてすねている。そして氷に覆われた小屋に忍び込んで、つららをシロフォンのように弾いて、寂しさを紛らわしていた。しかしそれは、氷怪獣マノツララが姿を変えたものだったのだ。マノツララは、頭に良夫を閉じ込めたまま大暴れする。タロウも良夫を人質に取られて容易に攻撃出来ず、マノツララが放った牙で、胸を貫かれ倒れてしまう。そこへウルトラの母が、タロウの危機を救うためにやって来る。

本稿が大直しになった理由の一つは、怪獣の頭に良夫がいるというシチュエーションが、阿井の前作「木枯し怪獣！風の又三郎」に酷似していたためだろう（グロンが健一とドンちゃんを頭に乗っけてしまったため、ＺＡＴが攻撃出来ない）。

「ひきょうもの！花嫁は泣いた」で姉弟は、宮坂陽子（久保田民栄）と姉思いの清彦（矢崎知紀）に変更された。石焼き芋屋の陽子には、近所のマンション建設現場で主任を務める岩坪（平泉征、現・平泉成）という婚約者がいる。しかしマンションは、ねこ舌星人グロストに占拠され、岩坪と作業員達（菊池英一、遠矢孝信）は星人の操り人形になってしまう。

続く第三七話「怪獣よ故郷へ帰れ！」、第三八話「ウルトラのクリスマスツリー」は筧正典監督の二本持ち。特殊技術は大木淳、脚本はそれぞれ石堂淑朗、田口成光。

「怪獣よ故郷へ帰れ！」に登場する逃亡怪獣ヘルツは、メドウーサ星座から逃げて来たおとなしい怪獣だ。暴れ回る様子がないため、ＺＡＴはしばらく見守ることにした。そこへめぐみ（山田圭子）と名乗る女性が現れた。あれは祖父（池田生二）を殺した悪い怪獣だから、退治してくれとＺＡＴに訴える。荒垣が断ると、めぐみは森山を操ってヘルツを攻撃する。実はめぐみは、メドウーサ星座の征服を企むメドウーサ星人だったのだ（注二）。

めぐみの祖父を演じた池田生二は、戦争中広島で被爆した劇団桜隊（注三）のメンバーだったが、当日は現地におらず命拾いした経験を持つ。めぐみ役の山田圭子は、この後丘野かおりと改名し、『ウルトラマンレオ』に山口百子役でレギュラー出演した。

「ウルトラのクリスマスツリー」は、心温まるエピソードだった。

（注二）
準備稿「怪獣逃亡者」でヘルツは死ぬが、完成作品では生き延びて、ＺＡＴの力で宇宙に帰される。なお、ヘルツという名前は『大脱走』（六三年、監督・ジョン・スタージェス）で、スティーブ・マックイーンが演じたバージル・ヒルツ（通称・独房王 The Cooler King）のもじりだろう。

（注三）
徳川夢声、藤原釜足らが立ち上げた苦楽座を前身とする。第二次大戦中、各地を慰問巡業していたが、四五年八月六日の原爆投下で多くの劇団員を失う。難を逃れたメンバーには池田のほか多々良純、佐野浅夫らがいる。

青山ひとみ（天野美保子）は去年、両親を亡くした。今は叔母の家に預けられているが、心の傷は癒えていなかった。彼女の慰めは、ミラクル星人のおじさん（長沢大）からもらったビー玉だ。それを日光にかざすと、自分の見たい光景が見えるという。だが、それはひとみにしか見えないので、周りの子達は彼女を信じない。

光太郎が借りてビー玉を覗くと、ひとみの両親はタロウとキングトータスの戦いに巻き込まれて死んでしまったことがわかる（注四）。ひとみは通りがかりのおじさんに間一髪で救われたが、彼の正体は、地球の文化と風俗を研究するために来訪したミラクル星人だった。彼はひとみとの別れの際、不思議なビー玉をプレゼントしたのだった。

ウルトラマンと怪獣の戦いで一般の人が死亡し、それがテーマとなるエピソードはこれが初めてだろう。ひとみの心の傷を癒やしてくれるはずだった魔法のビー玉は、.おじさんの死まで映してしまい、彼女が傷付くという展開が残酷である。

地球を去ったミラクル星人は、テロリスト星人の好物である、ガスを埋蔵する地球の情報提供を求められるが、拒んだために殺されてしまう。テロリスト星人はひとみの投げたビー玉で凍り付き、タロウによってとどめを刺された。

星人を倒したタロウは、ひとみのために東京タワーをクリスマスツリーに見立てて飾り付けする。『ウルトラマンタロウ』らしいファンタスティックな締めくくりで、孤独な少女に向けた田口成光の優しさが全編にあふれる名作である。

第三クールを締めくくる第三九話「ウルトラ父子《おやこ》餅つき大作戦！」は、石堂淑朗が『ウル

（注四）特撮カットの一部は「東京ニュータウン沈没」のクリップが使われている。

トラマンタロウ』に残した最高傑作であり、最大の怪作であると筆者は考える。監督は山際永三、特殊技術は山本正孝。

登場怪獣はうす怪獣モチロン。木の臼（脚本では石臼）に目と口があり、手足が生えた怪獣だが、それもそのはず。この怪獣は、ウサギが餅をついているように見える月の影に、地球人の気持ちが到達し、長い時を経て本当に臼のような生き物になったのだ。そしてとうとう地球の本当の餅が食べたくなって、巨大な風船にぶら下がって日本へ来たのである。

物語は、はこべ園という母子寮から始まる。母子寮とは、十八歳未満の子らを養育している母子家庭が生活する施設で、現在は母子生活支援施設と呼ばれている。はこべ園に暮らす子らは正月の餅も満足に食べられず、近くのゴルフ練習場でクラブの会員達がついている餅を羨ましそうに見ている（本エピソードの放送は十二月二八日だった）。しかしゴルフ練習場の男は「いくら見ていても、食べられないよ」と追い払おうとする。

その様子を見ていた光太郎は、一緒にパトロールしていた南原に「どうだい、俺達で餅つきのプレゼントをしようじゃないか」と持ちかける。これは脚本にはなく、山際永三が追加した部分だ。富裕層と貧困層のわかりやすい対比である。脚本では、パトロール中の光太郎と出会ったさおりが、新聞で、はこべ園での餅つきを知って手伝いに行くと言う。それに光太郎と南原が付き合うという流れになっている。

はこべ園で餅つきをする光太郎。そこへモチロンが登場、こともあろうに園の子らが食べるはずだった餅を食べてしまう。怪獣はその後、関東各地に現れて餅つきの餅を食べ回り、いずこかへ消えた。

モチロンが現れると、はこべ園の園長（寄山弘）は、思わずB29による東京大空襲を思い出し、画面はスチール構成となる。

**山際**　石堂さんのふざけた話を、戦争に引っかけたのは僕です。戦時中、防空演習をしていたことを思い出して、空襲のスチール写真をインサートしました。

劇中、スチール構成は四回ある。冒頭、はこべ園の少女と出会うシーン、続いてゴルフ練習場のシーンの最後。山際の撮影台本には〝スチール　母子像色々〟と指定されている。そして〝園長の幻想――防空風景〟、最後にラストシーンで〝母子像　スチール　いろいろ〟と指定されており、シュールな本エピソードに、さらにひと味加えることに成功している。

理論派の印象が強い山際であるが、六八年に十六ミリで撮影された自主映画『炎1960～1970』は全編スチール構成、台詞もナレーションもない短篇映画で、シュールな作風への傾斜も見られる。

モチロンが登場するシーンで流れる劇伴もシュールさを強調する。まるで力士がのし歩くようなビート感が魅力の音楽は、日暮雅信の作曲ではない。フランスのジャズミュージシャン、作曲家Jerry Mengoの〝Sloane Square〟という既成曲で、ライブラリー音源レーベルMontparnasse 2000のカタログにあったもの。山際の撮影台本で〝コミカル　追っかけ〟と指定されているイメージからこの曲を選んだ担当者は白井多美雄。しかし山際は白井についての記憶はないそうだ。

　モチロンは月生まれで〝地球と同じ元素で出来ている〟ので、宇宙怪獣の反応がなく、ZATは探知出来ない。手詰まりの光太郎の前に現れたのは、月星人の南夕子だった。夕子はモチロンの正体を光太郎に告げ、怪獣が隠れている山中へ案内する。

　夕子はモチロンに向かって、月に帰るよう言い聞かせる。しかし怪獣は説得に応じない。

「やなこったい！　かねて念願の餅を、この際、腹いっぺェ食わねェと、俺は帰らねェぞ！　第一、俺ァ、地球の連中の気持ちが凝り固まって出来たモチロン様なんだあ！　この際、大いにご馳走してもらいてェと思っているんだ。地球の、いやあ、日本の餅は柔らかくて美味ェぞお。（ヒヒヒと笑い）おらあ、明日、新潟で暴れまくるつもりだあ」

「どうしてだ？」光太郎が尋ねる。

「そりゃあお前ェ、新潟の米は、美味ェってからよお」

**山際**　モチロンの声をやってくれた人がなかなか工夫してくれました。新劇から俳協（東京俳優生活協同組合）に入った渡部猛という方です（注五）。喜んでやってくれて、その後、僕の作品に何度も出てもらいました。

　結局、タロウはモチロンの提案で相撲勝負をすることになる。力自慢のモチロンだったが、

（注五）
渡部猛は『ウルトラマンタロウ』でその後ベロン、ドロボンの声を担当した。山際の記憶によると、ベロンの台詞は渡部が考えたそうだ。

所詮は臼、タロウにかなうはずもなく、逆ギレして暴れ始める。そこにウルトラの父が現れ、モチロンを許してやれ、と言う。そしてモチロンには、月に帰れ、その前に食べた餅を全部返せと言う。さすがはウルトラの父の威厳、モチロンは素直に従う。タロウは巨大化した夕子と二人で、モチロンで餅つきをする。

翌日、はこべ園の子らには、モチロンでついた巨大な鏡餅と、光太郎のつきたての餅がプレゼントされ、笑顔が戻ったのであった。

**阿井**　モチロンは、凄いショックを受けました。怪獣の名前の付け方からして、こういう発想もあるんだと……。石堂さんじゃないと出来ない話です。私も田口さんも、すぐに真似しました。それに石堂さんは、本当に大食漢で、お餅を何個もパクパク食べていましたから、自分のことを書いているんじゃないかと思いましたよ。

**山際**　石堂さん、無頼派を気取っていましたが、ちょうどこの頃、結婚してね。奥さんは美人で、娘は可愛い。そうしたら急にいいお父さんになってしまった。子どもの話を作るのが好きになったんです。僕も橋本さんも、また石堂さん不思議な話を作ってくれたね、と喜んでいました。

ある時、ＴＢＳの昔の建物に、脚本の打ち合わせで橋本さんと熊谷さん、それに僕が集まっていたんですが、石堂さんが来ない。二時間くらい待っていたら、ハアハアと階段を駆け上がりながら「やっと出来ました」とやって来た。それでカバンの中を探すんだけど、「あれ？ ない！

家に忘れて来ちゃった！」と。それで家に電話したら、奥さんが戸塚の家から持って来てくれたことがありました。それが「タロウの首がすっ飛んだ！」か、このくらいの時期です。

待ちに待った脚本を、みんなで読んでみると、面白いんです。これじゃあ、仕方がないと、怒るに怒れない。その後は橋本さんが赤坂のいい店に連れて行ってくれて、食事をして帰る。ある意味、いい時代でした。

第四部

# ウルトラマンタロウの青春

## タロウ名物・怪獣の塩漬け

ここで『ウルトラマンタロウ』の視聴率について少し触れたいと思う。まえがきで記した通り、現在ビデオリサーチ社での確認が出来ないため、残念なことに、本作の完全な視聴率のリストを提示することは不可能だ。

ただ、円谷プロに、社内で作成された視聴率表が残っていた。巻頭の放送リストの数字は、この資料による。筆跡から見て、当時、同社社員だった竹内博（注一）が作成したものと見られる。それには、一九七四（昭和四九）年二月一日放送の第四四話「あっ！　タロウが食べられる！」までの視聴率が記されており、エピソードタイトルは最終回まで記入されている。最終回決定稿「さらばタロウよ！　ウルトラの母よ！」が印刷されるのは二月十八日。また、表の一枚目にはスタッフ、キャストなどの情報が記されているが、朝日奈隊長の出演は第一クール（注二）と第三五話となっている。しかし実際は第五一話「ウルトラの父と花嫁が来た！」と最終回に出演し、一部のナレーションも担当している（詳細は後述）。また、第五〇話「怪獣サインはV」を最後に降板した東野孝彦と瑳川哲朗の登板話数については特に記載がない。これも後で詳しく述べるが、東野孝彦が負傷したのは二月中旬だったようだ。以上のことから、この視聴率表が作成された、もしくは記入が止まったのは、その前後ということになるだろう。

この資料によれば、第一話の視聴率は二一・七％を記録したものの、第二話以降は十％台

（注一）七一年円谷プロ入社。退社後は特撮研究家、香山滋、大伴昌司研究家として多くの著作を残す。二〇一一（平成二三）年没。

（注二）実際に名古屋章が出演したのは第一話から第八話までと第十話。

後半に落ち込み、十％台半ばから後半を行き来する。第一話以外に二〇％を超えたのは、わかっているだけで三回である。

ここで十月の番組改編期における『ウルトラマンA』と『ウルトラマンタロウ』の視聴率を比較してみよう。次回作の制作に向けて最も重要な時期である。まず『ウルトラマンA』から列記するが、第二六、二七話は前後編なので、（七二年）九月二九日の視聴率も表記する。

九月二九日　第二六話「全滅！ウルトラ5兄弟」二二・八％
十月六日　第二七話「奇跡！ウルトラの父」二六・三％
十月十三日　第二八話「さようなら夕子よ、月の妹よ」二二・二％
十月二〇日　第二九話「ウルトラ6番目の弟」二三・六％
十月二七日　第三〇話「きみにも見えるウルトラの星」二〇・五％

次に『ウルトラマンタロウ』である（七三年）。

十月五日　第二七話「出た！メフィラス星人だ！」十六・八％
十月十二日　第二八話「怪獣エレキング満月に吼える！」十七・一％
十月十九日　第二九話「ベムスター復活！タロウ絶体絶命！」十八・七％
十月二六日　第三〇話「逆襲！怪獣軍団」十八・九％

このように、『ウルトラマンタロウ』は『ウルトラマンA』より低い数字だったのだ。それでも番組は、大きな路線変更もなく一年の長丁場を乗り切り、次回作の制作が決定した。これには理由がある。

**橋本**　確かに『ウルトラマンタロウ』は『ウルトラマンA』に比べてレーティングは低めでした。しかしそれ以上に番組の評判が良かったんですね。内容的にも明るくて、気楽に楽しめる話が多かったですしね。主人公も篠ちゃんが演じてくれたおかげで、それまでの主役よりも、親しみやすいというのがあったと思います。ですから『ウルトラマンタロウ』で止めようという話はなかったと記憶していますね。

つまり橋本は、『ウルトラマンタロウ』が視聴率以上の結果を残していたと証言している。事実、小学館の学年誌での人気は『ウルトラマンタロウ』が一番で、雑誌の売り上げに貢献していた。視聴率が『ウルトラマンA』より低下した原因は、視聴対象を引き下げたことだろう。つまりファミリー路線、低学年向けに特化した内容だったため、高学年のファンが離れてしまったのだ。

『ウルトラマンA』の頃までは、いわゆる第一期ウルトラシリーズの三〇%超えというイメージが関係者に残っており、局的にもスポンサー的にも、番組の人気を測る指標は視聴率しかなかったのだろうが、『ウルトラマンタロウ』の頃からは雑誌展開の人気、マーチャンダイジングによる収益等が加わるようになったことが大きいと考える。

**田口**　昔の家はきょうだいが多かったから、小さい子がお兄さんやお姉さんと一緒になって、ウルトラを見ていたわけです。そうすると視聴年齢層の低下現象が起きる。そこに小学館も入って来るわけですから、対象年齢を下げるという選択になる。しかし結果的に、『ウルトラマンタロウ』が成功した理由はそこなんです。

七四年に入っての第一弾は、第四〇話「ウルトラ兄弟を超えてゆけ！」（脚本・田口成光、監督・山際永三、特殊技術・山本正孝）である。登場キャラクターは暴君怪獣タイラント以下、ウルトラの母、ウルトラの父、ウルトラ五兄弟、三五大怪獣宇宙人という正月にふさわしい大盤振る舞い（放送は一月四日）。ただし、タイラントとウルトラ兄弟以外は、過去のライブフィルムでの登場である。予告ナレーションでは「凶悪無比、合体怪獣タイラント率いる、三五匹の大怪獣」と説明しており、本放送当時、筆者は期待して見たらライブだったので、ガッカリした覚えがある。

海王星で誕生したタイラントは、そこでゾフィーを、天王星でウルトラマンを、土星でウルトラセブンを、木星で帰ってきたウルトラマンを、火星でウルトラマンAを倒し、地球に向かう。

その頃光太郎は、自転車に乗れないタケシ（樋浦修臣）のために特訓をしていた（準備稿では雲梯）。それに熱中するあまり、兄弟達の発したウルトラサインを見逃してしまうという設定が面白い。

**田口**　これは予算の関係で、総集編にしようということから生まれました。ウルトラファンの子達には、受けていましたよ。

**山際**　スポ根ものの一種ですね。橋本さんは、こういう話が大好きでした。

第四一話「母の願い 真冬の桜吹雪！」（脚本・阿井文瓶、監督・深沢清澄、特殊技術・高橋勝）に登場するらくがき怪獣ゴンゴロスは、おおぐま座の小宇宙M81が爆発した際、地球に飛来した生命体だ。ゴンゴロスはコンクリートの壁に忍び込み、染みとなったが、それを正博少年（高橋仁）がチョークでトレースしたため、実体化したのである（注三）。

設定は微妙に違うが、絵が実体化するという点は、『ウルトラマン』第十五話「恐怖の宇宙線」に登場するガヴァドンと似ており、怪獣としての新鮮味がない。

正博の母（北川恭子）は病気で入院しており、彼女を元気付けるために、壁いっぱいの桜を正博少年が描くシチュエーションがいいだけに、惜しいエピソードであった。

第四二話「幻の母は怪獣使い！」は同じく深沢組で脚本は大原清秀。本エピソードのおう

（注三）アメリカのSF・ホラー専門誌『Famous Monsters』七八年四月号によると、同誌の編集責任者、フォレスト・J・アッカーマンが東京に来た際、ゴンゴロスの着ぐるみをプレゼントされたそうだ。彼は映画アイテムのコレクターだった。しかし晩年、彼のコレクションは売却され、ゴンゴロスの着ぐるみが現在どうなっているかは不明である。

む怪獣エレジアも、『ウルトラマン』第二〇話「恐怖のルート87」に登場する高原竜ヒドラと類似性がある。

ヒドラは、交通事故死した少年の恨みを晴らすかのように、国道八七号線を通るトラックを襲う。一方のエレジアは、アンドロイド聖子（川口真有美）の命じるまま、車を破壊していく。十年前、居眠り運転の車にはねられて死んだ島田信吾（三島耕）の妻、聖子そっくりに彼が造ったアンドロイドだ。その違いはあるものの、怨みで車を襲う（ヒドラの場合は暗示されるだけだが）というシチュエーションが同じだ。ガヴァドンもヒドラも『ウルトラマン』を代表する名怪獣だけに、ゴンゴロスもエレジアも損をしている。

なお、準備稿では、西田隊員が再登場の予定で、聖子は彼の母親という設定だった。ラスト、光太郎は宇宙ステーションに戻る西田を〝小型ロケット〟（準備稿での表記）で送っていく。もしこのエピソードが準備稿の展開のまま映像化されていれば、マゼランがここで登場していたかもしれない。

続く第四三話「怪獣を塩漬にしろ！」（脚本・阿井文瓶、監督・真船禎、特殊技術・東條昭平）（注四）は、『ウルトラマンタロウ』らしい怪獣が登場する怪作だった。食いしん坊怪獣モットクレロンは、緑のない星からビタミンCを狙ってやって来た謎の宇宙人が、地球に残した怪獣だ。怪獣は、野菜を食べてまたたく間に大きくなって暴れ回る。

モットクレロンを見付けて育てたのは、八百屋の善助（大木正司）の一人息子、武志（矢崎知紀）である。本エピソードはこの父子の関係を軸として展開し、ZATと光太郎の出番

（注四）『ウルトラマンタロウ』のクレジットでは〝東条〟と表記。

は極端に少ない。
矢崎知紀は第八話「人喰い沼の人魂」、第三六話「ひきょうもの！ 花嫁は泣いた」に続いての出演。今回は父親に愛されていないと悩む役柄だ。大木正司は『ウルトラマンA』第二三話「逆転！ ゾフィ只今参上」、第二四話「見よ！ 真夜中の大変身」で謎の老人を怪演した。本エピソードでは、店の野菜を犠牲にしてモットクレロンをおびき出し、武志とともに竹槍で挑む勇ましい役だった。

**阿井**　これは橋本さんに褒められました。自然破壊みたいなことが盛んに言われていた頃で、地球の緑を食べ尽くそうとする怪獣が出て来る。主人公は八百屋の息子なんですが、野菜が大嫌いで、売れ残りの野菜ばかり食わされると、父ちゃんに文句ばっかり言っている。

真船　僕は、洞窟の中で赤ちゃん（幼獣）のモットクレロンに武志少年が野菜を持って行って食べさせるところが、いちばん印象として残ってるんですよ。怪獣が来たと言っても街にドデーンと来るんじゃなくて、父と子の生活の中に怪獣の赤ちゃんが来て、母親を失った少年が母親代わりになって育ててやる。怪獣が暴れるから逃げるっていう形じゃなくって、子どもが自分からアプローチしていってね。怪獣を育てるということ自体がまず、子どもたちの夢でしょ。（『ウルトラマンタロウ』DVD Vol.11ライナーノーツ「シーンセレクション＃12」より）

**阿井**　真船さんとは、あまり個人的に話したことはないんですが、鋭い人だなという印象を受けました。最後、ウルトラマンタロウは怪獣をでっかい樽に入れて、塩漬けにしてしまう。タロウが樽に乗って足踏みすると、その下から青い汁が出て来るとか、大の大人がこういうことを考えるのも面白いけど、そういうアイディアを、ちゃんと画にしてくれるんだから面白かったですねえ。昔は、八百屋の店先でよく白菜なんかを樽に漬けていたでしょう。それを見ていたんで、怪獣を漬けちゃえば水分が抜けて小っちゃくなるんじゃないか、という発想です。

第四三、四四話で特殊技術を担当したのは東條昭平。東條は『帰ってきたウルトラマン』第三三話「怪獣使いと少年」の激しすぎる描写が問題となって降板してからは、シリーズに参加していなかった。しかし放送局が異なる『ミラーマン』や『ジャンボーグA』ではローテーション監督として活躍し、前者の第三六話「怪獣軍団ミラーマンを襲う―五大宇宙怪獣激斗！―」、第三七話「ミラーマンを太陽へぶちこめ！―激斗！彗星怪獣対土星怪獣―」の前後編では、本編と特殊技術を兼任した経験がある（特殊技術はクレジットなし）。本編ではなく、特撮ならば問題ないだろうという制作側の判断で、今回の登板となったのであろう。

第四四話「あっ！タロウが食べられる！」の脚本は田口成光。登場するきさらぎ星人（笠井ひろ）は、豆まきが嫌いな宇宙人だ。神社での豆まきを見て、「いくら年に一度とはいえ、我々鬼の仲間を人間どもなんかに、虐めさせてたまるものか！」と怒り心頭。しかも光太郎が豆まきに参加しているのを見付けると「何たることよ。宇宙人のくせに、同じ宇宙人を虐めるなんて、裏切りも甚だしい。タロウめェ、人間の味方をしおってェ！」と、怒りの矛先を変え、光太郎を豆の中に閉じ込めてしまう。

**田口**　放送日が節分に近かったんで（二月一日）、季節ものですね。第二期（ウルトラシリーズ）はそういうのが多かった。熊谷さんが好きでしたから。

「怪獣を塩漬にしろ！」同様、石堂淑朗の影響を強く感じさせるエピソードである。石堂が脚本を担当した『ウルトラマンA』第三八話「復活！ウルトラの父」で、クリスマスを憎むナマハゲは、超獣スノーギランを操って暴れさせる。その時のナマハゲの台詞が傑作だ。「この国に太古から住む八百万《やおよろず》の神々を祭らずに、異国の神を崇めて、クリスマスのサンタクロースなどと言っている奴らを、踏みつぶすのじゃ！叩き壊せ！殺しつくせ！叩き斬れ！」

右のきさらぎ星人の台詞は、このナマハゲを思い起こさせる。

## 日本の童謡シリーズ

第四五話から第四八話は〝日本の童謡から〟と銘打たれたシリーズである。発案は熊谷健。『帰ってきたウルトラマン』『ウルトラマンA』では〝怪奇シリーズ〟だった。『ウルトラマンタロウ』は、脚本の表紙に〝華麗にロマンを謳う空想怪奇シリーズ〟と明記してあり、わざわざ〝怪奇シリーズ〟をやる必要はないという判断だったのかもしれない。

代わって〝日本の童謡から〟とした発想はなかなか面白い。一年間の番組だと終盤はどうしても息切れするので、マンネリを回避するとともに次回作への弾みにもなる。

個人的には、五〇年代から七〇年代に盛んに作られた、その折々の流行歌を題材にした、いわゆる〝歌謡映画〟を思わせて楽しい。

シリーズ第一弾は、第四五話「日本の童謡から　赤い靴はいてた…」（脚本・阿井文瓶、監督・筧正典、特撮監督・矢島信男）である。

仕事帰りの北島はその日、街で男に抱きかかえられた少女を目撃する。その子は赤い靴を履いていた。と、片足から靴が落ちる。北島が拾い上げると、二人の姿はない。靴には〝マリ〟と記されていた。

その夜、北島の脳裏に、幼い頃の奇妙な思い出が甦る。幼なじみのその子は、赤い靴を履いていた。しかしある日、謎の人物が現れ、彼女を連れていってしまった。

翌朝、北島の部屋を一人の女が訪ねて来る。女は真理（夏川圭）と名乗った。あの日、北島の前から消えた少女だと彼女は言う。

実は女の正体は、地球上にドルズ帝国を築くために送られた工作員だった。ドルズ星人に改造された女は五〇時間後、怪獣に変身するようセットされていた。そしてZAT本部に入り込み、基地の破壊を企んでいたのだ。

ストーリーの表面を追うと、かなり奇妙な設定である。ドルズ星人は十年以上かけて地球侵略の作戦を開始するし、そもそも、なぜ幼い真理を誘拐しなければならなかったのだろう。冒頭、北島が街で目撃した二人は、彼の記憶と同じ格好をしている。しかもその夜、北島が真理のことを回想してから眠りにつくと、アパートの窓から妖しいピンク色の光が射し、彼を包む。そしてドルズ星人がどことも知れぬ空間（脚本には〝空間〟とだけ指示）から指令を飛ばす。

「作戦の第一段階は、全て終わった。行け！　行ってお前の使命を果たせ！」

すると夜空から、ピンク色に光る物体が地球に飛来する。その翌朝、真理を名乗る女性が北島の前に現れるのだ。

これはどういうことだろう？　本放送当時、筆者は、あらかじめ誘拐して怪獣に改造していた女性に、北島の頭から抜き取った真理の記憶を移し替えたものだと思った。今もその解釈は変わらない。

**阿井**　その辺りのことは全く覚えていません。まあ、理屈合わせに、そういうことを言っていたかもしれません。この話は、ちょっと大人っぽすぎるから、橋本さんから撥ねられると思っていたら褒められて、意外さと嬉しさを味わったことを憶えています。

童謡で「赤い靴」と言われたら、そこが核になって発想していけますので、書きやすい話でした。童謡は裏に一つの情感がありますから、劇伴でそれを流すと、ずいぶん助けられますね。

僕が次に書いた「怪獣大将」もそうです。

女性が本当の真理であったとしても、偽物だったとしても、人間の心をもてあそぶドルズ星人は、『ウルトラマンタロウ』に登場した敵宇宙人の中で、最も卑劣な存在だろう。なお、準備稿で真理が変身するのは、うろこ怪獣メモールではなく〝怪獣ドルズ星人〟だった。

今回と次回の特撮監督（第四五話から、特殊技術に代わってこの名称が使われる）は、特撮界の巨人、矢島信男が担当している。拙著『ミラーマン大全』のインタビューで矢島は、円谷プロ作品に参加することになった経緯と、自身が持ち込んだコンテ主義について、以下のように証言している。

矢島　別所（孝治、CXプロデューサー）さんからピープロの『スペクトルマン』（71〜72年、CX）を手伝ってくれ、という話があって、『ミラーマン』も別所さんからお話をいただきました。（中略）ただ、撮影のやり方としては、円谷プロは今までは字コンテ（シナリオにカットの説明を書くこと）で、順撮り（カットをシーンの順番どおりに撮ること）

で撮っていた。僕は、東映時代から絵コンテでやってきたんです。それで間を抜いて（同じ方向なりをためて撮る、という意味。抜き撮り、という）撮ってしまう。（中略）順撮りは時間がかかるんですよ。僕の場合、抜きで撮っていくでしょう。現場は慣れていないから、最初は困ったみたいですね。小道具とかのつながりなんか、わからなくなっちゃう。

最初は戸惑っていた現場だったが、矢島の効率的な撮影方法はやがて受け入れられ、『ジャンボーグA』では高野宏一と両輪で特殊技術を担当していた。

第四六話「日本の童謡から 白い兎は悪い奴！」の脚本は石堂淑朗。しかし童謡「だいこくさま」に登場する因幡の白ウサギは、このエピソードとあまり関係ない。六〇年に一度、地球へ大接近するハーシー大彗星に乗ってやって来たわんぱく宇宙人ピッコロ（脚本に〝服を着ていないピノキオみたいな宇宙人〟と指定）が、白ウサギに毒餌を与えて殺した動物嫌いの大家（大泉滉）に憤って大暴れする話。

第四七話「日本の童謡から 怪獣大将」（脚本・阿井文瓶、監督・山際永三、特撮監督・大木淳）の主人公は、健一の学校の沢口竜一（山下克博）。スポーツ万能で成績も一番、先生に叱られてクラス中が泣いた時も、一人だけ泣かなかったという強い子だ（注一）。健一はパトロールに来た光太郎と南原にそう説明する。しかし光太郎は知っていた。前日の夕刻、沢口少年が一人「お山の大将」を歌いながら泣いていたことを。

南原は、それは目の錯覚ではないかと言うが、光太郎は答える。

（注一）
脚本に健一は登場しない。山際は、少年Aの役を健一に当てた。

「弱虫じゃないから……、泣いたんでしょう。僕にはわかります。誰にもパスしないで、ゴールまで突進していく子。勉強も一番、先生に叱られても、一人だけ泣かなかった。（中略）そういう子だから、あんなところでこっそり泣いていたんでしょう」

ZATがパトロールしていたのは、付近に怪獣の気配があったからだ。果たして、冬眠怪獣ゲランは学校の地下に眠っていた。目を覚ました怪獣は、巨体の一部を地上に現す。児童がいるため、ZATは思ったように攻撃出来ない。

「これは、恐ろしく巨大な地中怪獣だった。頭は校庭の真ん中から校舎に伸び、尻尾らしき身体の一部は、随所に出たり入ったりして、五〇人の生徒と先生は、完全に講堂の中に閉じ込められた」（注二）

本放送当時、筆者はこのナレーションに驚いた覚えがある。怪獣の出現を、あたかもドキュメンタリーのように描く演出だったからだ。このナレーションは、脚本にも山際の撮影台本にも記載がない。仕上げの段階で山際が思い付き、追加したものなのだろう。

沢口少年は、怪獣は冬眠から醒めたばかりでまた眠るだろうから、その時こっそり逃げ出そうと言う。そして足を怪我した少女、麗子（渡辺優花）を背負って講堂から抜け出すが、誤って空のバケツを倒し、その音でゲランが目を覚ましてしまう。失態を責められた沢口少年は、居合抜き用の日本刀を剣道場から持ち出し、ゲランに立ち向かう。

**山際**　追い詰められた子どもが、日本刀を振り回して、怪獣に向かっていくんだよね。それは

（注二）脚本では巨大な虫の怪獣で、六本足である。

ちょっとやりすぎなんじゃないか。危なくて撮影出来ないよ、と言ったら、実際にあった話だと言うんだよね（注二）。

少年時代の自分の思い出を、ストーリーにしてくれればいいんだと言うと、田口さんも阿井さんも面白くやってくれるんだ。橋本さんは元々ラジオでドキュメンタリーをやっていた方だから、実体験を元にした話というのは喜ぶんですよね。でも、僕にはちょっとやりにくい話でしたね。


この証言は少々意外だった。準備稿と撮影台本を読むと、孤高の少年が追い詰められ、日本刀でゲランに立ち向かうという、やや無理のある展開に、山際が筋道を付けようとしているのがわかる。クライマックスまでの展開を再度追ってみよう。

本エピソードの冒頭は、とある星でのタロウとゴルゴザウルス二世（決定稿では〝怪獣〟とだけ指定）の戦いだが、準備稿にそのシーンはない。戦いの後、ナレーションが、この戦いはタロウの孤独な戦いであると説明する。続く地上のシーンで、光太郎は、丘の上で一人泣いている沢口少年を目撃する。彼も人知れず努力して、孤独な戦いをしているのだと光太郎は理解する。

そんな沢口少年が心を寄せるのが麗子だ。脚本での彼女は、絵に描いたような美少女で、彼を責めることはない。彼女が怪我をしている設定にして、わがままな性格に変更したのは山際である。

（注二）どこで起きた出来事かは不明とのことである（もちろん怪獣と戦ったわけではない）。

麗子は怪我のため一人では逃げられないから、沢口少年が彼女を背負うことになる。彼は怪獣の目を覚まさないよう、慎重に歩を進めるのだが、麗子が急かしたせいで足をバケツに引っかける。講堂へ引き返した児童達は、逃げられなかったのは沢口少年のせいだと一斉に非難する。そして麗子までがこう言い出す。

「そうよ、沢口君が悪いのよ。自分ばかり強くって、勉強が出来ると思って、みんなのこと考えないから、こんなことになるのよ」

この一言が引き金となって、彼は刀を持ち出し、ゲランに向かっていくのだ。こうして必要な描写を積み重ねていくことで、沢口少年の行動に説得力を持たせようとしたのである。同じく山際による第四八話「日本の童謡から 怪獣ひなまつり」は、一転してオフビートな魅力溢れる快作となった。脚本は阿井文瓶。

**山際**　酔っぱらい怪獣のベロンが出て来る。海象の怪獣（デッパラス）もそうだけど、こういうナンセンスな話は好きです。阿井さんが書いてくれた中では、一番気に入っています。

姉二人、弟一人のきょうだいで、最初、太郎（古堀宏）という男の子が、女の子の着物を着せられて、姉達（ヒフミ・臼倉明美、フミコ・高沢加代子）（注四）とひな祭りをやっていて、白酒を飲んでいる。脚本では、もう一人姉がいたんだけど（ミヨコ）、多すぎるんで二人にしました。太郎は、ゆくゆく当主になるんで大事に育てていると姉達は言うけど、彼は虐めと感じていて、嫌で嫌でしょうがない。

（注四）姉の役名は脚本より。劇中で名前は呼ばれない。

女装させられているのを、太郎の友達がからかって、押し入れの中からモンキーレンチを持ち出すと、いじめっ子は逃げる。もちろんそれで戦わなくて、途中で落とすんだけれども、あんなものを子どもに持たせるのは危険だ、とみんなに怒られました。

レンチを落とした後、太郎は泣くんだけれども、そこにお姉さんに虐められている子どもの心情が出ている。この後、太郎は悔しくていきなり山本リンダの「狙いうち」（注五）を踊り出す。

**篠田** 僕自身は、山際さんからタロウの役作りについて特別言われたことはないんですが、子ども達への演技指導は熱かったです。子役の一人一人に、役を説明して、コミュニケーションを図っていて、丁寧な演出でした。粘り強く演出されていたのを覚えています。

都内に酔っぱらい怪獣ベロンが出現する。酒が大好きなベロンは、酔っ払ったあげく、地球に迷い込んだのだ。しかもゲップの代わりに炎を吐き、ＺＡＴが攻撃するとドロンと煙を出して消えてしまうやっかいな奴だ（しかもコイツ、日本語を喋っている！）。

太郎の目の前に五人のファイル星人が現れる。彼らはベロンがいないと宇宙へ帰れないので、手伝って欲しいと言う。ファイル星人が立てた作戦は、ベロンは酒と音楽が大好きなので、飲ませて、踊らせて、寝入らせるというものだった（準備稿では、ベロンの鼻輪に手綱を付けるとおとなしくなる設定）。なお、ファイル星人は脚本で宇宙少年と記されており、オープニングでクレジットされるのはベロンのみだ。

（注五）
七三年のヒット曲。山本リンダは六六年「こまっちゃうナ」でデビューした正統派アイドル歌手だったが、その後、人気が低迷。七二年に発表した「どうにもとまらない」で突如、大人の魅力を振りまくキャラクターで再ブレーク。その変貌ぶりを〝変身〟と称された。なお、彼女は『仮面ライダー』（二号ライダー編）にレギュラー出演していた。

**阿井**　怪獣をベロンベロンに酔っ払わせて、踊らせたら面白いだろうなあ、という発想です。いつも石堂さんと飲んでいたし、山際さんとも数回。ですからそういう意味では気心が知れているので、こういうものを書けるというのはあります。やはり石堂さんの影響なんでしょうね。

本エピソードには「狙いうち」の他、フィンガー5の「恋のダイヤル6700」、金井克子の「他人の関係」などが挿入歌として使用されている。いずれも七三年の大ヒット曲である。しかもベロンを眠らせるために、光太郎や北島が太郎達と一緒に振りや踊りを披露するのだから、驚くやら可笑しいやら。

ついでにタロウも「狙いうち」を踊り、ベロンの酔いを覚ますために、ブレスレットをバケツに変えて、水をぶっかける！　それがただの青いポリバケツなのだから、特撮監督の大木淳も大いに遊んでいる。

**山際**　ベロンが出て来ると、姉弟の話は全然関係なくなるんですが、東宝のベテランのスクリプター植村よし子さん、その回では特撮班についていたんですが、その方に「今までの山際作品で、一番面白い」と言われて、内心うれしくなりました。「怪獣ひな祭り」は、苦労したけど、楽しく撮りましたね。

「日本の童謡から 怪獣ひなまつり」は、これ以上の悪ふざけはないだろうという、振り切れた作品だったが、本エピソードが『ウルトラマンタロウ』における山際永三最後の監督作となった。

**山際** これでしばらく円谷プロを離れて、次にやったのは、東海テレビの昼帯の『君待てども』（注六）。脚本は石堂さん。この番組のプロデューサーは出原弘之さん。出原さんとずっと一緒にやっていたのが、佐々木守さんと真船禎さんで、多分、この時はお二人が忙しかったんじゃないかな。これは特撮を使う番組だったんで、「円谷プロに下請けに出したら」と出原さんに言ったら、すんなりOKが出たんで、その頃、円谷プロにいた淡豊昭さんが、プロデューサーを引き受けてくれました。

「怪獣ひな祭り」の放送は三月一日、『君待てども』は八月五日からの放送でかなり間が空いている。というのも東海テレビと円谷プロが組むのは初めてのことで、この間、出原、淡、山際の三人が打ち合わせを重ねていたためである。

『君待てども』の後、山際は橋本洋二がプロデュースしたテレビ版『日本沈没』（注七）に参加する。それが橋本との最後の仕事となった。ただ、山際の記憶では『ウルトラマンレオ』最終二話には橋本の要請で参加し（注八）、本人が脚本打ち合わせにも同席していた可能性が高いとのことである。

（注六）七四年八月五日～十月十八日、フジテレビ系列。折からのオカルトブームの中で放映されたホラーもの。

（注七）七四年十月六日～七五年三月三〇日。

（注八）第五〇話「レオの命よ！キングの奇跡！」、第五一話「さようならレオ！太陽への出発《たびだち》」。山際は、『円谷プロ怪奇ドラマ大作戦』（洋泉社刊）のインタビューでは、熊谷健からのオファーだったと証言している。

## ラストスパート

『ウルトラマンタロウ』もいよいよラストスパートに突入する。最終回前の四本は、いずれも異色作が並んだ。

第四九話「歌え！　怪獣ビッグマッチ」の脚本は石堂淑朗。監督の前田勲は本編のチーフ助監督を務めており、今回と次回がデビュー作となった（特撮監督はともに矢島信男）。

歌好き怪獣オルフィは、秩父のボッチ谷に何百年も住んでいるおとなしい怪獣。村人達は、オルフィが現れるたび、その歌声で農作物の出来を占っている。この設定が素晴らしい。つまり農業の神が現実に存在し、人々と共存しているのだ。土着性にこだわる石堂らしい発想である。石堂の宇宙人嫌いについてはすでに記したが、本エピソードにも三下奴的なカーン星人が登場する。

星人は〝怪獣オルフィを捕える会〟の坂本（草野大悟）を名乗っている。年に一度か二度しか現れないオルフィを捕らえ、日本中の人が見たい時にいつでも見られるようにしてあげよう、などと調子のいいことを言う。しかし裏ではオルフィに興奮剤を打ち込んで暴れさせようという作戦を企んでいる。予告のナレーションでは〝どこの馬の骨〟と揶揄されているくらいだ。

坂本を演じた草野大悟は、岸田森と同じ六月劇場出身の性格俳優。岸田が主演した『怪奇大作戦』第五話「死神の子守唄」では、余命幾ばくもない妹の命を救うため、狂気の実験を繰り返す科学者、吉野貞夫を演じた。また、円谷プロ制作の『恐竜戦隊コセイドン』（注一）では、コセイドン隊の隊長バンノ・チカラ役でレギュラー出演した。

第五〇話「怪獣サインはV」の脚本は阿井文瓶。スチュワーデス（キャビンアテンダントの当時の呼称）志望の服部ユキ（坂口良子）が、老人ホームを守るため球好き怪獣ガラキングとバレーボール対決するという、意表を突いた話だ。

坂口良子はこの時期、『サインはV』の続編（タイトルは同じ）に出演していた。だが、番組は大ヒットした前作ほどの人気を得られず、半年足らずで打ち切りとなった（注二）。本エピソードには番組終了直前の出演だった。

**阿井**　橋本さんから、坂口良子さんを使ってくれと言われました。あれはちょっと苦労しましたね。ガラキングが、ガスタンクを使ってボール遊びをするでしょう。私が上京した時ビックリしたのは、ガスタンクが球形だったこと。当時、僕の田舎のガスタンクは円筒形でしたから。だからそれを使った記憶があります。

老人ホームの入居者の一人、伸一郎を演じたのは、第十四話「タロウの首がすっ飛んだ！」以来の出演となる浜村純。本エピソードでは気のいい老人役で、前回と正反対のキャラクター

（注一）七八年七月七日〜七九年六月二九日、東京12チャンネル系列。

（注二）『サインはV』六九年十月五日〜七〇年八月十六日（岡田可愛版）、七三年十月十四日〜七四年三月三一日（坂口良子版）。

だった。

ガラキング、準備稿では巻物を口に咥えるとドロンと消える忍者怪獣だったが、それではベロンと似通ってしまうので、変更されたのだろう。

なお第四九、五〇話で、東野孝彦の声を声優の沢りつおが当てている。これについて東野は、『タロウタロウタロウ ウルトラマンタロウ』のインタビューで次のように語っている。

東野　ちょうどNHKの『鳩子の海』（注三）っていう番組に出ることになってたんだけど、昭和初期の話だから太り過ぎは困ると。それでダイエットしてるときに赤城の山でスキーやって骨折した。雪掻きとかで身体は動かしてたんだけど飯食ってなかったからね。

（注三）七四年四月一日～七五年四月五日。

東野が怪我をしたのは二月中旬だったようだ。この段階で、脚本は最終回となる第五三話準備稿「さらばタロウよ！ ウルトラの兄弟よ！」（印刷は二月十二日）まで上がっていて、副隊長は荒垣のままである。したがって第五一話以降は、荒垣を二谷副隊長に書き直さなければならなくなった。

また同書で東野は、シリーズ途中でサングラスをかけ、髭を生やしていたことについても証言している。それによると、芝居の上で生活感を出す小道具としてサングラスと髭を使ったのだが、大人からクレーム（視聴者、番組関係者、スポンサーのいずれかは不明）が入り、宮崎ロケ（第十二、十三話）を最後にやめたという。

第五一話「ウルトラの父と花嫁が来た！」（脚本・阿井文瓶、監督・筧正典、特撮監督・大木淳）は、タロウが冒頭しか登場しないという特異な構成のエピソードだった。

物語は朝日奈隊長指揮のZATとリンドンの戦いから始まる。光太郎と南原の乗るコンドルは、ちょっとした油断でリンドンの口へ突っ込んでしまう。怪獣の顎が脱出口に引っかかって、二人は脱出出来ない。しかし一％の可能性に賭け、南原はコンドルを自爆させる。

タロウ登場！タロウはリンドンの首を切り落とし、戦いに勝利する。

タロウの登場シーンは従来とは異なり、爆発する炎に変身用のミニチュアが合成され、ダイナミックな構図で楽しませてくれる。

戦いに勝利した隊員達が本部へ帰ると、宇宙ステーションへ転勤となった荒垣の後任である二谷一美（三谷昇）がいた。

太めの荒垣とは逆に小柄で黒縁メガネをかけた中年の副隊長とは、思い切ったキャスティングだったと思う。演じた三谷昇も、大泉滉と同じカテゴリーの性格俳優である。円谷プロ作品では、『帰ってきたウルトラマン』第二三話「この怪獣は俺が殺る」のピエロと、『恐怖劇場アンバランス』第四話「仮面の墓場」の気の弱い役者、白浜健を演じた。どちらも脚本と監督は市川森一と山際永三。偶然だが、「この怪獣は俺が殺る」と「ウルトラの父と花嫁が来た！」は、いずれもレギュラー隊員の交代回であった。

ひさびさの朝日奈隊長出演回で、名古屋章はナレーションまで担当しているが、これは瑳川哲朗の急病のためである（名古屋は本エピソードの予告でもナレーションを担当）。瑳川は本編のナレーターに復帰することはなかったが、最終回の予告のみ担当している。

本エピソードには、第十三話「怪獣の虫歯が痛い！」以来で南原の母、たかが登場する。しかも息子の幼なじみで、いいなずけの珠子（今井美佐子）を帯同している。珠子の父は今年亡くなり、たかは結婚を急いでいたのだ。しかし南原の態度は煮え切らない（注四）。

珠子と二人きりになった南原は、心中を打ち明ける。ＺＡＴの隊員でいる限り、いつ命を落とすかわからない。そんなことになったら、家族を悲しませることになる。だから結婚は出来ないと。気持ちを理解した珠子は、南原の倒した怪獣を見物してから、九州に帰ると告げる。

だがリンドンは生きていた。奴は不死身怪獣だったのだ！　ＺＡＴがすぐさま出動するが、たかと珠子はリンドンの死骸を見物中だった。二人に危機が迫る！

光太郎は南原とともに二人の救出に向かうが、珠子は崩れて来た瓦礫で重傷を負ってしまう。しかも光太郎は、南原達がいるので変身出来ない。

そこへウルトラの父が現れ、ウルトラフェザーでリンドンの息の根を止めるが、珠子は死んでしまう。やりきれない表情で父を見つめる光太郎。と、父はウルトラクラウンから生命エネルギーを放射し、珠子を甦らせた。歓喜する一堂。その後、南原と珠子の仏前結婚式がおごそかに執り行われた。

阿井は東野孝彦の降板というアクシデントを乗り越え、命を張って働き続けるＺＡＴ隊員の心情を描く、秀作を送り出したのである。

（注四）
たかと珠子が通されたＺＡＴの応接室に、スワローなどのミニチュアとともに、アイアンフィッシュがディスプレイされている。

準備稿のタイトルは「ウルトラの父とお嫁さんが来た！」。冒頭、リンドンはコンドルの自爆で倒れ、クライマックスはタロウとリンドンの戦いだった。その後、ウルトラの父が登場し、リンドンの不死身の生命力を利用して珠子を甦らせるという展開だった。

第五二話「ウルトラの命を盗め！」の脚本は石堂淑朗。登場するのは泥棒怪獣ドロボンである。なお、篁正典と大木淳は第五一話から最終回までの三本持ち。

ZATでは半年に一度体力テストがあるが、隊長と副隊長は免除されている。しかし新任の二谷副隊長は、他の隊員に負けてはならないと、一人トレーニングを積んでいる。

その頃宇宙では、ドロボンと帰ってきたウルトラマンが戦っていた。怪獣は帰ってきたウルトラマンを負傷させ、地球に飛来する。そしてタロウの名を呼びながら街をのし歩く。やがて鉄道施設を破壊し始めたドロボンに対し、ZATが攻撃するが、二谷はトレーニングのしすぎなのか、体調が優れない。しかもひさしぶりに第一線に復帰して功を焦ったのか、二谷のスワローはドロボンが持つカンテラに突っ込んでしまう。

光太郎はタロウに変身するが、二谷を人質に取られて防戦一方となる。一旦退却し、変身を解いた光太郎の前に、負傷した郷秀樹が現れる。そして宇宙で戦争が起きていて、ドロボンはタロウを助太刀に担ぎ出そうとしている、と告げる。そして兄弟は、決死の作戦を敢行する。

準備稿「わるだくみ！　泥棒怪獣の罠」には、副隊長の訓練と、ドロボンと帰ってきたウルトラマンの宇宙での戦いはない。郷は人質になった荒垣を救うため地球にやって来る設定だった。改稿された「ウルトラの命を盗め！」は、副隊長の心情を突っ込んで描くことにより、忘れ得ぬ秀作となった。これもまた東野の降板をプラスに転じたエピソードと言えるだろう。

## ウルトラマンタロウの青春

最終回「さらばタロウよ！ ウルトラの母よ！」（脚本・田口成光、監督・筧正典、特撮監督・大木淳）の放送は七四年四月五日。つまり新番組放送の時期に、一回分食い込んでいる。この理由については二つの説がある。一つ目は、次回作『ウルトラマンレオ』の企画が難航したため、一話追加したという説。二つ目は、同時期に始まる新番組を避けるため、編成の作戦上一週延ばしたという説だ（注一）。

最初の説から検証してみよう。目安となるのは、決定稿の印刷時期だ。『ウルトラマンタロウ』第一話「ウルトラの母は太陽のように」は（七三年）一月十六日、第二話「その時、ウルトラの母は」、第三話「ウルトラの母はいつまでも」は同月二〇日。『ウルトラマンレオ』第一話「セブンが死ぬ時！ 東京は沈没する！」、第二話「大沈没！ 日本列島最後の日」が（七四年）一月二三日で、ほぼ同時期である。

また、七三年十二月二一日印刷の『ウルトラマンレオ』第一話初稿「日本列島大爆発！

（注一）『ウルトラマンタロウ1973』（ジェネオンエンタテインメント刊）より。

前篇」（注二）の表紙の放送日欄は印刷されていない。しかし、同月二八日印刷の第二話初稿「東京大沈没・必殺！　キリモミキック　後篇」の表紙には、放映日が四月十二日（つまり第一話は四月五日）と印刷されている。これが翌七四年一月十一日に印刷された第一話準備稿「セブンが死ぬとき！　東京は沈没する！」では、放送日が一週先送りされた四月十二日に改められている。つまり『ウルトラマンレオ』の第一話放送を一週遅らせるという決定は、かなり早い段階で行われたことがわかる（なお、番組の企画案が印刷されたのは七三年十一月十二日である）。

つまり、企画の進行が『ウルトラマンタロウ』とほぼ同じで、その上これだけ早い時期に決定していたのだから、第一の説はあり得ない。

第二の説であるが、〝同時期〟ではなく〝同日〟に始まる新番組でなければ、わざわざ遅らせる意味がない。では四月五日に始まった新番組は何かというと、フジテレビ系列が北公次、杉田かおる主演の青春ドラマ『ボクは恋人』（注三）、NET系列がタツノコプロ制作のアニメ『昆虫物語　新みなしごハッチ』である。前者は視聴者層が異なるので除外すると、問題は後者だ。同作は最高視聴率二六．五％を記録した大ヒットアニメ『昆虫物語　みなしごハッチ』（注四）の続編であり、『ウルトラマンレオ』にとって大きな脅威となる。もっとも、実際には前作ほどの人気を得ることは出来ず、同年九月二七日に終了した。

また、第四部の冒頭で紹介した『ウルトラマンタロウ』視聴率表の最終ページには、〝（注）新番組が同時のため作戦上次回作「ウルトラマンレオ」を4／12第1回として一週ずらす〟

（注二）『ウルトラマンレオ』の第一、二話は、準備稿の前に初稿が印刷されている。

（注三）放送終了は九月二七日。

（注四）七〇年四月七日～七一年十二月二八日、フジテレビ系列。

と記されている。

これらのことから、真相は企画の遅れではなく、四月五日にスタートする裏番組とぶつかるのを避けたのだということがわかる。

『ウルトラマンタロウ』最終回の準備稿「さらばタロウよ！ ウルトラの兄弟よ！」は、完成作と展開が大きく異なる。以下に内容を紹介しよう（台詞は準備稿の表記通り）。

冒頭は白鳥姉弟の父、潔が船長を務める日日丸を、宇宙から侵入した海獣サメクジラが襲うシーンだ。サメクジラに襲われた船は、これで五隻となった。健一は、タロウが船を助けてくれなかった悔しさを、光太郎にぶつける。

ある日、空から円盤が現れ、東京の広場に着陸する。ＺＡＴは人々を避難させ、円盤の調査を始めるが、そこにサメクジラが出現する。光太郎はタロウに変身するが、サメクジラに円盤を投げつけられ、左膝を負傷してしまう。タロウは円盤を投げ返してサメクジラの左腕を切断、円盤は大爆発する。

タロウとサメクジラの戦いの中に、一人の男が駆け込んでいく。サメクジラは潮を吐いて霧を発生させ、その隙に姿を消す。霧が晴れると、件の男は七歳くらいの少女を抱いて、娘はＺＡＴやタロウのために怪我をしたと叫ぶ。そしてその責任を光太郎に押しつけるのだった。

しかし朝日奈は、ＺＡＴの住民避難は完璧だったと信じていた。そして少女がサメクジラと同じように左腕を怪我したことを怪しんでいた（この時、朝日奈は光太郎の怪我を見て、彼がタロウだと気付く）。

　隊長命令で、膝を治療するため病院にやって来た光太郎。その前に少女の父親が現れ、自分はバルキー星人だと告げる。そして光太郎の正体はタロウだと叫びながら逃げる。ZATガンを構えて追う光太郎を見た健一はショックを受ける。通行人が光太郎を押さえつける。そこへ朝日奈がやって来て、今は我慢の時だと言う。そして時が来たら、全力を挙げて戦うと光太郎に約束する。

「初めてお前に会った時から俺は東光太郎を信じている」

「しかし、僕は……僕の正体は……」

「そんなことは問題ではない。僕は勇気と行動力のある若者を捜していた。だから、ZATに入ってもらったんだ。それ以外に何が要ると言うんだ。（中略）先刻、健一君がお前を見ている目を見たか？　健一君にとって、お前は理想の若者だ。人間が人間を悲しませてはいかん」

「（頷く）」

「お前は東光太郎じゃないか」

海岸。健一が岩に向かって石を投げている。そこへ光太郎が現れ、自分の正体はウルトラマンタロウだと告げる。愕然とする健一。

「でも、僕は、もうタロウではない。東光太郎だ。（中略）僕が今度タロウになる時、それはウルトラの国へ帰る時だ。でも、僕はもうタロウにはならない。この星は素晴らしい。人間も素晴らしいからだ」

そこへバルキー星人が現れ、星人の合図で街にサメクジラが出現する。怪獣は光太郎を踏み潰そうとするが、悲鳴を上げてぶっ飛んだ。その足に、鉄の棒が刺さっていたのである。バルキー星人は巨大化し、吹き矢で光太郎を身動き出来ないようにする。

そこへZATの三機が編隊を組んで登場！ 星人の周囲を旋回して攻撃する。星人はたまらず吹き矢を撃ちまくるが、それはサメクジラに当たり、怪獣を殺してしまう。

星人がZATの攻撃に倒れると、光太郎は吹き矢を持って星人の胸に駆け上がり、心臓を突き刺してとどめを刺した。

その後、光太郎はZATを辞め、一人の青年として、歩行者天国の雑踏の中へ消えていった。

以上が準備稿の展開である。筋立ては整っているものの、『ウルトラマンタロウ』にふさわしい何かが欠けている。それはやはりファミリードラマ的な要素と、ウルトラの母の存在だったのだろう。そして完成作品は以下のような展開に変更された。

海岸で、光太郎が朝日を眺めている。すると、彼を呼ぶウルトラの母の声が聞こえて来た。母は言う（音声以外では第一話以来の出演となるペギー葉山）。

「光太郎さん、もうすぐあなたの人生を変えてしまうような、大きな事件が起こりますよ」

一隻のタンカーが太平洋を航行していた。それは一年前、光太郎が乗っていた日日丸だった。しかし日日丸はサメクジラの攻撃で爆発、沈没してしまい、白鳥船長以下の乗員は全員死亡する。

ウルトラの母が語りかける。

「誰にも助けることは出来ないのです……。たとえ、ウルトラマンタロウでさえも」

「そんな！　じゃあ、ただ待つ以外に方法はないのですか」

「いいえ。あなたがしなければならないことがあります」

「僕に、することが？」

「そうです。命を懸けてもしなければならないことがあります」

「それは……」

「それは、あなたが自分で見付けなければなりません」

うなされて目を覚ます光太郎。それは、ウルトラの母が光太郎の夢を借りた、未来のビジョンだった。そしてそれは現実となる。その日は健一の親友、中西一郎（松葉寛祐）の父が帰って来ることになっていた。二人の父はともにタンカーの船長で、しかも親友同士だった。だが中西船長のタンカー第三日本丸は、伊豆沖で怪獣に襲われ沈没。翌日には夢の通り、日日丸も犠牲となる。それもパトロールに出たZATの目の前で。

朝日奈は、光太郎の気持ちを察して語りかける。

「辛いな。お前がZATの隊員になったのも、白鳥さんの船に乗っていたからなんだ。白鳥さんの家へ行ってやれ。健一君を頼むぞ」

「隊長……」

「辛い役目だが、お前にしか出来ないことだ」

「お願いがあります。健一君にはしばらく知らせないでおきたいんです。今、船長の帰りを、首を長くして待っています」

「しかし、いずれはわかる時が来るぞ」

「わかっています」

「その時の、お前の態度が、健一君にとってかけがえのないものになる。ZATのことは我々に任せろ。お前はそのことだけに専念すればいいんだ」

しかし健一は、会社からの電話で父の死を知ってしまう。その時、サメクジラが東京に現れた。

「健一君、あの怪獣だ。あいつが君のお父さんをやったんだ！」

光太郎はウルトラマンタロウに変身、サメクジラと闘う。そこにバルキー星人が出現し、タロウを挟撃する。しかしZATが星人を集中攻撃、その隙にタロウはストリウム光線でサメクジラを倒す。かなわぬと見たバルキー星人は姿を消す。

埠頭で健一がウルトラ兄弟の人形を地面に叩きつけている。彼は、自分と一郎の父をタロウが助けてくれなかったことを恨んでいるのだ。

光太郎は健一に、君は弱虫だ、心のどこかでタロウに助けて欲しいと思っていたんだ、と言う。見透かされて言葉を失う健一。光太郎は左腕からバッジを外す。

「このバッジを見たまえ。これはウルトラの母が、僕にくれたバッジだ」

「光太郎さん……」

「そうだ……。僕はウルトラマンタロウだ。君がお父さんやタロウのことを忘れて、自分の力だけで生きていこうとすることは、大変なことだ。だが、そんな苦労を君にだけはさせない。僕も一人の人間として生きてみせる。僕はウルトラのバッジを……、もう頼りにはしない！」

光太郎は回想する。一年前、死んだはずの自分が、ウルトラの国でタロウに生まれ変わったあの日のことを。そしてバッジを空高く投げると、それはウルトラの母の胸に戻っていった。

「光太郎さん。とうとうあなたも見付けましたね。ウルトラのバッジの代わりに、あなたは生きる喜びを知ったのよ」

「お母さん！」

「さようなら……、タロウ」

こうして彼は人間、東光太郎となった。そこへバルキー星人が現れ「バッジのないタロウなど、恐ろしくもない」と言い放つ。光太郎のZATガンが炸裂。すると星人は巨大化し、光太郎の命を狙う。

「健一君、ようく見ておくんだ。人間には知恵と勇気のあることを！」

光太郎は工場の燃料タンクのある地帯にバルキー星人をおびき寄せる。星人はタンクを破壊していくが、そこから漏れた大量の石油を浴びてしまう。すかさず光太郎がZATガンを放つ！　星人は見る見る炎に包まれ、絶命する。

別れの時が来た。光太郎はデニムの上下にナップザック一つで、ZAT隊員達の見送りを受けている。

「隊長、お世話になりました。荒垣さんにもよろしく」

「仕方がない。一度言い出したら、言うことを聞かないお前だ。元気でやれ。その代わり、お前の言う勉強とやらを、精一杯やって来るんだ」

「はい！」

銀座の歩行者天国。光太郎は雑踏の中に紛れ、その姿はやがて小さくなる。彼がタロウとして、そしてZAT隊員として戦ったのは、わずか一年。しかしその間、光太郎は青春のほとばしるエネルギーを、激しく燃焼させたのであった。

ウルトラ六番目の兄弟、ウルトラマンタロウについての物語は、ここに終わりを告げたが、青年、東光太郎の物語は、始まったばかりなのだ。

## エピローグ・それぞれの『ウルトラマンタロウ』

**篠田三郎（東光太郎・ウルトラマンタロウ役）**　最終回は、銀座の歩行者天国を隠し撮りして、僕が雑踏の中に消えていくという撮影でした。途中、風船を持った女の子の頭をなでるじゃないですか。あれは仕込みではなく、一般の子だったと思います。

世代的に、僕のこどもの頃のヒーローと言えば、『月光仮面』『七色仮面』『少年ジェット』でした（注一）。その当時（七三〜七四年）は撮影の仕事が忙しい時期だったので、残念ながら、過去のウルトラシリーズを見る機会がなかったんです。前のを見ていないので、いつもこういう終わり方なのかな？と思ったら違いました。

**田口成光（メインライター）** 最終回は第一話の裏返しです。東光太郎が、最後は人間に戻るというのは、最初から決めていました。光太郎は旅から帰って来て、また旅立つ。ウルトラマンタロウの時は、本当の自分じゃないんですよ。ですから最終回、またペギーさんが出て来る。タロウは、人間が好きになったんですね。

**阿井文瓶（シリーズライター）** 『ウルトラマンタロウ』は、僕が脚本家としてデビューした作品。テレビも脚本も、とにかく初めてでしたから、そこまで自分が作品に携わるとは思ってもみなかったですね。入ってみたら、石堂淑朗さん、佐々木守さんという巨頭がいるし、その他にも、市川森一さん、長坂秀佳さん、田口成光さん、きら星のような脚本家が、このシリーズに関わっていました。市川さんと長坂さんは、『ウルトラマンA』までしか参加していませんが、市川さんは当時から売り出していましたから、颯爽としていた。長坂さんは『刑事くん』や東映の作品で活躍していましたし、田口さんは、助監督から入った円谷プロの生え抜き。私

（注一）
『七色仮面』五九年六月三日〜六〇年六月三〇日、NET系列（全七部）。第五部からはタイトルが『新・七色仮面』となり、主役も波島進から千葉真一となった。
『少年ジェット』五九年三月四日〜六〇年九月二八日、フジテレビ系列。大映テレビ室の第一回作品。

は市川さん、長坂さんと同じ四一年生まれなんです。ああ、自分はずいぶん遅れているな、と正直焦っていたんです。ともかく一番後ろから走っていって、何とかその三人に追いつきたいな、と思っていました。

**篠田** 『ウルトラマンタロウ』に人気があったのは、色々なものが噛み合ったためだと思います。ウルトラの父と母の実の子だとか、そういう新しい発想、そしてタロウというネーミングの親しみやすさ。最初は〝ウルトラマンジャック〟でしたが、ウルトラマンタロウだと親近感が湧きますよね。そういうところが、今でも支持されているんだと思います。

それとタロウのスーツアクターの長沢寛さん、その容姿というか、それもあるんじゃないでしょうか。十年前、番組の四〇周年記念の時、報知新聞の取材を受けたんですが、タロウが来ていたんです。もちろん中身は、長沢さんじゃなかったんでしょうが、改めて観て、格好がいいな、と思いました。彼は喋らないから、余計に神秘的でしょう。

『ウルトラマンタロウ』のファンレターは、いまだに来るんですが、健一少年と自分を重ね合わせて、自分はちょっと淋しい少年だったけど、光太郎を兄貴のように思って番組を見ていた、というのが多かったです。

**橋本洋二（ＴＢＳ側プロデューサー）** 『帰ってきたウルトラマン』で、ウルトラシリーズを再開した時は、色々な人から、色々なことを言われたんですが、『ウルトラマンタロウ』に関しては、その人達も拍手をしてくれたんじゃないかと思います。
それと僕自身の役職のこともありました。『ウルトラマンタロウ』の頃の肩書きは、映画部の副部長だったんですが、終わりの頃に、部長をやってみろ、と上の方から言われたので、これが最後になるなと。その意味でも、思い出の深い作品です。ですから次の企画の『ウルトラマンレオ』には、一切口を出しませんでした。

**篠田**　撮影に関しては、毎日柿生（川崎市麻生区）の山奥で、走り回っていた記憶がありますね。あそこは、古民家や大きな農家の家もありましたから。本編は東京映画で撮っていたんですが、ステージが土間なんですよ。そこに大きな扇風機を持ち込んで、スモークを撒くから、とにかく身体が汚れるし、凄い環境でやっていました。ああいうことは、若いから出来たんだと思います。僕も、スタッフの皆さんも。
スタッフに関しては、一年間、毎日一緒に過ごしたわけですから、スタッフの名前、顔が今も忘れられません。照明の佐山五郎さんとか、助手の高橋哲っちゃんとか。助監督は四人くらいいらっしゃいましたが、皆さん良くしてくれました。その方々のお陰で、一年間やって来られたんだと思います。助監督の一人で、サードで荒井一作という方がいました（注二）。彼は後に『我が青春のウルトラマンタロウ』という評論を書いたんです。それは『ウルトラマンタロウ』の第一話から最終回まで細かく検証したものです。彼は、コマネズミのように黙々と休む間もなく働いていました。休憩時間になると、疲れて横になって休んでいましたよ。

（注二）
後の作家、打海文三。九二年『灰姫 鏡の国のスパイ』でデビュー。〇二年『ハルビン・カフェ』で大藪春彦賞を受賞した。〇七年没。

**橋本**　『ウルトラマンタロウ』は、篠ちゃんの息づかいが、タロウの息づかいになっている。僕は、彼のようなキャラクターが好きですから、彼が出てくれたことが、私の生涯で、一つの白眉です。
熊谷健（円谷プロ側プロデューサー）　一番重要だったのは篠田三郎さんのキャスティングでした。篠田さんが東光太郎を演ずると決まった時点で、ひとつのカラーができたような気がします。（『KODANSHA Official File Magazine ULTRAMAN VOL.7』より）

**山際永三（メイン監督）**　『ウルトラマンA』がちょっと難しい話だったんで、『ウルトラマンタロウ』は思い切り子ども目線の番組になりました。怪獣に飛び乗ったり、酒で怪獣を酔っ払わせたり、馬鹿馬鹿しいと思うことを思い切りやりました。それに篠田さんのキャラクターが良かったんです。彼の明るい、ソフトな感じが、番組に合っていました。

**篠田**　正直、役作りはあまりしませんでしたね。ですから、ある意味、素の篠田三郎ですね。あの頃は、自分が役者として自覚を持ち始めた頃で、凄く張り切って演じていましたし、撮影現場が楽しかったです。
今でも『ウルトラマンタロウ』を愛していますし、ファンの方々に、今でも愛されている。初代の『ウルトラマン』から受け継がれて来たシリーズで、自分は、その一員として参加させていただいたというありがたさがあります。

**【附記】**

橋本洋二の証言ほかに、〝映画部〟という言葉が出て来る。正式にはテレビ編成局映画部という。六三年二月、TBSが本格的にテレビ映画を制作するため、テレビ編成局映画制作課として発足した部署で、同年七月二〇日、映画制作部として再編成された。TBSには他に洋画などの吹き替えを担当する映画部という部署があり、六五年二月に両者が合併して出来たのが言わば〝新生〟映画部である。

この映画部（新）は番組をプロデュースするだけでなく、所属する監督をテレビ映画制作会社に派遣していた。しかし、やがて監督の残業時間問題や、制作会社が局派遣の監督に難色を示すようになったことなどから、番組のプロデュースに専念することとなる。その映画部が、役目を終えたとして廃止になるのは、『TBS50年史』（東京放送刊）の別紙「資料編」によると、七一年三月二二日のことである。その後、七三年三月五日に〝テレビ本部編成局映画部〟が新設されている。橋本が副部長を務めていたのは、この新設部署だろう。

# あとがき

『「ウルトラマンA」の葛藤』あとがきの書き出しと少々重複するが、『ウルトラマンタロウ』が始まった一九七三（昭和四八）年四月、筆者は中学生になった。つまり、当時の感覚では特撮やアニメから卒業しなくてはならない年齢に達したのだ。都会の事情は知らないが、田舎でその手の番組を熱心に見ていると、大人から白い目で見られるのは確実だった。少々寂しくはあったけれども、それが当たり前だった。

正直、『ウルトラマンタロウ』という番組名を知った時、もう潮時と考えたのも事実だ。当初『ウルトラA』だった番組名が、『ウルトラマンA』に変わった時も違和感を覚えたが、個人的に〝タロウ〟はいただけなかった。というのも、筆者にとって〝ウルトラシリーズ〟は、SFもののカテゴリーに属していたからだ。

いわゆる第二期シリーズは、第一期に比べ、SF的な要素が希薄になってしまったことに不満を感じていた。だからこそ『帰ってきたウルトラマン』や『ウルトラマンA』よりも、正統派侵略SFと言える『ミラーマン』に魅力を感じていた。また、七二年一月一日からは、NHKの〝少年ドラマシリーズ〟（注一）第一作『タイム・トラベラー』が始まり、興味はウルトラマンよりも〝少年ドラマシリーズ〟のSFものに向かっていた。『ウルトラマンタロウ』という番組名では、もはやSFではないと感じたのである。しかも登場怪獣のストレートす

（注一）
『タイム・トラベラー』（放送終了は七二年二月五日）から『だから青春泣き虫甲子園』（八三年六月十四日〜十月十一日）までの全九九作（海外ドラマを含む）。

ぎるネーミングや奇抜すぎるデザイン、造型の質、そうしたものが積み重なっていたので、『ウルトラマンタロウ』は、特撮ものから卒業する潮時だったのだ。

しかし番組を見なくなったかというと、そうではない。筆者には七歳年下の弟がいるので、月曜夜六時（秋田県での放送時間）から一緒に『ウルトラマンタロウ』を見ていた。とはいえ、以前のシリーズに比べると、どこか醒めた目で見ていたし、中学校の部活もあって、全話見ることは出来なかった。

主役の篠田三郎は『ウルトラマンタロウ』よりも、同時期に放送されていた『天下堂々』の主役という印象が強かった。本文中、篠田は主演ドラマが二本同時に放送されていたので、大忙しだったたと記した。『天下堂々』は天保年間を舞台にした一種の群像劇だった。中盤から篠田演ずる佐倉英介よりも、村野武範演ずる平手造酒など、脇役にスポットを当てたエピソードが多くなっていった記憶がある。『ウルトラマンタロウ』後半で篠田の出番が増えたのは、その影響もあると思うのだが、現存する『天下堂々』の映像は全四七話中わずか数本なので、検証は難しい（せめて脚本を確認出来ればいいのだが）。

『ウルトラマンタロウ』に対する筆者の評価が変わっていったのは、それから二〇年以上経ってからだ。特撮の撮影現場、あるいは特撮ファンとのオフ会で、筆者より一回り以上年下の若い世代に『ウルトラマンタロウ』のファンが多いのに驚いた。ある女性特撮ファンは、一番好きなのが『ウルトラマンタロウ』だと言い切った。女性ファンが多い番組だったのだ。そういえばうちの娘も幼い頃、（キャラクターとしての）タロウのファンだった。

最初は理由がわからなかったが、よくよく考えてみれば、彼らは再放送世代であり、筆者のようにシリーズを順序通りに（もっとも秋田ではシリーズの放送が変則的だったが）見て来たわけではなく、再放送（や、今ならソフト、配信など）でどこからでも見られる状態だったのだから、筆者の世代にありがちな〝第一期に比べて第二期は……〟という偏見がないのだろうという結論に達したのである。

その上で改めて全話を見直してみたのだが、『ウルトラマンタロウ』はある種、通過儀礼的な番組だったのではないかという仮説が浮かんだ。たとえるならば『それいけ！アンパンマン』や『8時だョ！全員集合』（注二）のような。

通過儀礼は、出会う時期が重要だ。このシリーズでたびたび書いているが、筆者の故郷、秋田には、当時ＴＢＳ系列の放送局がなかったので、『8時だョ！全員集合』は放送されていなかった。初めて見たのは七九年に上京してからだが、正直、これは小学生の見る番組だと感じ、あまり熱心に見ることはなかった。八一年から裏でフジテレビが『オレたちひょうきん族』（注三）の放送を開始すると、その新しい感覚に惹かれ、ドリフは全く見なくなった。もし幼い頃から『8時だョ！全員集合』に接していたら、思いは違っていただろう。

話を『ウルトラマンタロウ』に戻そう。番組を通過儀礼と仮定した上で見直すと、ファミリー路線へのこだわりが強く、それまでのシリーズに比べて、ストーリーのパターン化という弊害はあるものの、エピソードごとの出来不出来のばらつきが少ない番組だったことが見えて来た。それは三年目を迎え、プロデューサー、脚本家、監督達の息がこれまで以上に合っ

（注二）六九年十月四日～七一年三月二十七日、七一年十月二日～八五年九月二十八日。

（注三）八一年五月十六日～八九年十月十四日。

ていたことの証明だろう。また、人間味あふれるレギュラーキャラクター達による、息の合った芝居も見どころである。

特撮にも見るべき点が多い。ベテランの小川昭二、白熊栄次、平鍋功らによる円熟の操演効果、フロンを噴射炎に応用した渡辺忠昭のアイディア、光学撮影の宮重道久によるタロウの多彩な光線技。そして特殊美術、ミニチュアセットの飾り込みに関しては、その細かさ、こだわりは同時期の特撮番組の中で群を抜いている。番組の対象年齢は小学校低学年にシフトしたが、特撮スタッフはテレビ映画という予算的にも時間的にも厳しい制約の中で、最良の結果を出すべく努力を重ねている。

最後に筆者が『ウルトラマンタロウ』で、最も気に入っている点を述べる。この作品の素晴らしさは、一人の青年、東光太郎の青春を描き切ったところにある。そしてそれは第一話「ウルトラの母は太陽のように」と最終話「さらばタロウよ！ ウルトラの母よ！」に集約されている。

プロットで見ると、この二本は対になっている。第一話、旅から帰国した光太郎は、突如現れたオイルドリンカーに対し、身一つで挑んでいく。ラストは、自分を船に乗せてくれた白鳥船長の家族に迎え入れられる。最終話はその一年後、白鳥船長の死から始まり、タロウではなく、人間東光太郎として恩人の仇であるバルキー星人に挑む。第一話冒頭と最終話クライマックスの舞台は、ともに石油プラントのある港湾地域である。第一話は、オイルドリンカーを攻撃するとプラントに被害が及ぶので、ZATは火器を使用出来ない。そこで光太郎はクレーンに乗って超獣を撃退する。それに対して最終話は、あえてバルキー星人をプラントへ誘い込み、石油を引火させて撃破する。第一話でフラリと日本に帰って来た光太郎は、ウルトラの母の手でウルトラマンタロウに生まれ変わる。最終話で一人の人間として生きていくと決めた光太郎は、ウルトラバッジを母に返し、またフラリと旅立っていく。このように、第一話と最終話が見事に対応している。

田口成光は「東光太郎が、最後は人間に戻るというのは、最初から決めていました。光太郎は旅から帰って来て、また旅立つ」と証言している。田口の卓越した発想によって、物語の円環が閉じられたのである。

繰り返し述べるが、『ウルトラマンタロウ』は東光太郎の青春物語だ。それは篠田三郎という希有な才能を持つ役者の肉体からほとばしる、突き抜けた明るさを持つキャラクター、まぶしいほどのポジティブなエネルギーによって体現されたのである。『ウルトラマンタロウ』は、ある意味で〝第二期ウルトラシリーズ〟の到達点だったのかもしれない。

# 参考資料（五十音順）

『愛の戦士レインボーマン』DVD VOL.2 映像特典　発売元：東宝
『1973「日本沈没」完全資料集成』友井健人　洋泉社刊
『上原正三シナリオ選集』現代書館刊
『宇宙船』朝日ソノラマ刊
『ウルトラシリーズ・サブキャラ大事典』小河原一博　東京堂出版刊
『ウルトラ特撮 PERFECT MOOK vol.9 ウルトラマンレオ』講談社刊
『ウルトラ特撮 PERFECT MOOK vol.10 ウルトラマンA』講談社刊
『ウルトラ特撮 PERFECT MOOK vol.11 ウルトラマンタロウ』講談社刊
『ウルトラ特撮 PERFECT MOOK vol.20 ジャンボーグA』講談社刊
『ウルトラ特撮 PERFECT MOOK vol.35 ファイヤーマン』講談社刊
『ウルトラマン昇天 M78星雲は沖縄の彼方』山田輝子　朝日新聞社刊
『ウルトラマン大鑑』朝日ソノラマ刊
『ウルトラマン大全集Ⅱ』講談社刊
『ウルトラマンタロウ』DVDライナーノーツ
発売元：デジタルウルトラプロジェクト
『ウルトラマンタロウ』Blu-ray BOX 特典映像、封入特典
発売元：円谷プロダクション
『ウルトラマンタロウ1973』ジェネオン エンタテインメント刊
『ウルトラマンタロウ 大人のためのタロウ読本。』日之出出版刊
『映画年鑑』時事通信社刊
『映画秘宝』洋泉社刊
『オール・ザット ウルトラマンタロウ』ネコ・パブリッシング刊
『怪獣 ウルトラマンが育てた円谷プロ商法』円谷皐　世紀社出版刊
『怪獣少年の〈復讐〉』切通理作　洋泉社刊
『怪獣使いと少年 ウルトラマンの作家たち』切通理作　宝島社刊
『怪獣とヒーローを創った男たち』特撮映画研究会　辰巳出版刊
『学年誌ウルトラ伝説』小学館刊
『語れ！ウルトラマン 兄弟激闘編』ベストセラーズ刊
『仮面ライダー大全』岩佐陽一　双葉社刊
『金城哲夫 ウルトラマン島唄』上原正三　筑摩書房刊

『KODANSHA Official File Magazine ULTRAMAN』講談社刊
『ゴジラ 東宝チャンピオンまつりパーフェクション』KADOKAWA 刊
『昭和テレビ放送史（上・下）』志賀信夫 早川書房刊
『シルバー仮面 アイアンキング レッドバロン大全 宣弘社ヒーローの世界』岩佐陽一
双葉社刊
『スペクトルマンVSライオン丸「うしおそうじとピープロの時代」』鷺巣富雄
太田出版刊
『大決戦！超ウルトラ8兄弟』講談社刊
『タロウタロウタロウ ウルトラマンタロウ』辰巳出版刊
『調査情報』東京放送刊
『超人画報 国産架空ヒーロー四十年の歩み』竹書房刊
『円谷英二の映像世界』竹内博、山本真吾 実業之日本社刊
『円谷 THE COMPLETE』角川書店刊
『円谷皐 ウルトラマンを語る』円谷皐、鍋田紘亮 中経出版刊
『円谷プロ 怪奇ドラマ大作戦』洋泉社刊
『円谷プロ画報第1巻 円谷作品五十年の歩み』竹書房刊
『円谷プロ特撮大鑑』朝日ソノラマ
『TBS50年史』東京放送刊
『東宝50年 映画・演劇・テレビ作品リスト』東宝刊
『東宝50年史』東宝刊
『特撮映画美術監督 井上泰幸』キネマ旬報社刊
『特撮ヒーロー大全集』講談社刊
『ファンタスティックコレクションNo.16 華麗なる円谷特撮の世界
ミラーマン ファイヤーマン ジャンボーグA』朝日ソノラマ刊
『不滅のヒーロー ウルトラマン白書第2版』朝日ソノラマ刊
『マルサン・ブルマアクの仕事 鐏三郎おもちゃ道』くらじたかし 文藝春秋刊
『メーキング・オブ・円谷ヒーロー1・2』講談社刊
『メーキング・オブ・東映ヒーロー1・3』講談社刊
『闇への憧れ［新編］』実相寺昭雄 復刊ドットコム刊
『夜ごとの円盤 怪獣夢幻館』実相寺昭雄 大和書房刊
『レインボーマン ダイヤモンド・アイ コンドールマン大全 70's 川内康範ヒーロー
の世界』岩佐陽一 双葉社刊
他

28 日　Loc 9.00 ～土手・砂利山～ 17.00

29 日　Set 8.00 ～ＺＡＴ・ホエール Loc 学校～ 20.30

30 日　Loc 8.00 ～砂利山、小物～ 16.30

2 月 2 日　編集

4 日　AR

6 日　AR 残 編集

8 日　㊼オール

12 日　編集

13 日　DB ㊼

14 日　㊽オール

20 日　DB ㊽

26日　Loc 操車場・病院・東宝OP・街 Ⓝ 7.30 ～ 23.00
27日　Loc 岩森家 7.30 ～ 17.00
28日　Loc 土手 病院表 Set ウルトラの国 8.00 ～ 2.30AM
29日　Loc 調布飛行場 Ⓝ OP〔PM NA どり〕18.00 ～ 4AM
30日　AR
9月1日　Ⓣ入れこみ
2日　尺調
3日　オールラッシュ（10.30AM）
6日　DB
10日　オールラッシュ（10.30AM）9/13日 DB（注：これは予定のようである）
11日　検定（11AM）

## 第39話「ウルトラ父子餅つき大作戦！」、第40話「ウルトラ兄弟を超えてゆけ！」

11月28日　Loc 7.00 ～多摩川土手～ 16.00
29日　Loc 8.00 ～車走り、ゴルフ場、土手～ 16.30
30日　Loc 8.00 ～白鳥家中・Set ～ 17.00
12月1日　Loc 7.30 ～黒川・自動車主観 車内、ラッシュ～ 18.00
2日　Loc 8.30 ～学校・ピアノ～ 12.00
3日　Loc 7.00 ～はこべ園～ 15.00 ラッシュ
4日　Loc 7.30 ～墓場・白鳥家・はこべ園～ⓃOP ～ 21.30
5日　Set 9.00 ～人つり・プロセス～ 14.00 編集
6日　AR
11日　編集
12日　編集 小物撮
13日　編集
14日　編集 オールラッシュ

## 第47話「日本の童謡から 怪獣大将」、第48話「日本の童謡から 怪獣ひなまつり」

74年1月19日　衣装合せ
20日　Loc 7.00 ～学校～ 16.00
21日　ロケハン、わりつけ
22日　Set 14.00 ～コンドル～ 16.00
23日　Loc 7.30 ～多マ川土手～ 12.30
24日　Loc 7.30 ～多マ川土手～ 14.00
25日　Loc 8.30 ～多マ川土手～ 12.00
26日　Loc 8.00 ～太郎の家～ 14.00
27日　Loc 7.30 ～学校～ 20.30

20日　13話DB スタジオセンター
21日　⑬原版完成
23日　14話オールラッシュ
25日　⑬検定
26日　15話Ⓣup
27日　14話 DB
29日　⑭原版完成
30日　15話オールラッシュ
7月3日　16話Ⓣup ⑭検定
4日　15話 DB
6日　⑮原版完成
7日　16話オールラッシュ
10日　17話Ⓣup ⑮検定
11日　16話 DB

## 第20話「びっくり！ 怪獣が降ってきた」、第21話「東京ニュータウン沈没」

（山際は特撮担当だったので、ステージナンバーは東宝スタジオのもの）

7月25日　宇宙 空（№4）9.00～20.00
26日　川原 Day～Night（№6）9.00～16.00
27日　川原 嵐（№6）9.00～20.00
28日　川原 嵐（№6）9.00～17.00
29日　川原 嵐・空（№6）9.00～17.00
30日　宇宙空・青空・ウルトラの母（№4）9.00～20.00
31日　ビル 沈み 関係 (OP) 9.00～14.30
8月1日　団地（№4）9.00～21.00
2日　団地（№4）9.00～17.00
4日　⑳オールラッシュ
10日　残 ビル街（№4）9.00～22.30

## 第24話「これがウルトラの国だ！」、第25話「燃えろ！ウルトラ6兄弟」

8月19日　Set 本部・機内 8.00～21.00
20日　Loc 白鳥家～操車場 Ⓝ 11.45～2AM
21日　撮休
22日　Loc 井戸・事故 Ⓝ 18.00～22.30
23日　Loc ガス橋～Ⓝ 15.00～2AM
24日　Loc 灯台～Ⓝ 13.00～1AM
25日　Set パラシュート etc 13.00～20.30

12日　Loc 8.00～希望ヶ丘団地、墓地～22.00
13日　Loc 8.30～品川、深沢～17.30
14日　Loc 8.00～後楽園・ボクシング～16.00
15日　Loc 7.30～多マ川・墓地～Set～24.00
16日　Loc 8.00～サウナ・プール・横浜～小物～24.00
17日　編集
18日　AR8.00～20.00
22日、23日　Ⓣ入れ込み
24日　編集

## 第14話「タロウの首がすっ飛んだ！」

6月3日　大平氏打合せ
4日　メインスタッフ打合せ
5日　衣装合せ ⑩初号 ロケハン
6日　クランク・イン Set ZAT本部 ホエール コンドル 8.00～10.30
ロケハン
7日　雨のため中止
8日　Loc 三報興産 黒川 9.30～17.30
9日　Loc 三報興産 黒川 7.00～20.00
10日　Loc 黒川・弁天洞窟 7.00～21.00
11日　Loc 深沢・三興・黒川 百草園 8.00～16.30
12日　⑪話初号 小物 12.30～16.00 実景中止
13日　Ⓣ打合せ ラッシュ
14日　AR（8.00～14.00）
15日　Ⓣクランク・イン 9.00～22.00
16日　Ⓣ9.00～17.30
17日　休み
18日　Ⓣ Set 9.00～17.30
19日　Ⓣ Set up 9.00～15.00
20日　休み
21日、22日　編集

### ウルトラマンタロー（原文ママ）仕上げスケジュール

（台本への書き込みではなく、青焼きのコピーが撮影台本に挟み込んであった。山際組以外のスケジュールも書き込まれている。おそらくは制作部が作成したものだろう）

6月17日　14話合成撮影分 up！
19日　14話 Ⓣ up ⑫検定

19日　雨で中止 ラッシュ ②③Ⓣ打合せ
20日　Loc 工事現場・鉄塔・穴・飯場 12.00 〜 20.00
21日　Set 機内 9.00 〜 12.00 ラッシュ
22日　雨 Set 9.00 〜 Retake 小物〜 17.30
23日　Loc 奥多摩 土手 8.00 〜 19.00 東宝Ⓝ 合成 Retake 〜 19.00
24日　AR（9.00 〜 12.00）ラジコンヒコーキ 14.00 〜 16.00
25日　休み
26日　Loc 8.00 〜ボクシングジム、土手 Set 骨・太陽〜 16.00
27日　実景 Loc 10.00 〜横浜タンカー・クレーン部分〜 15.00
28日　休み
3月1日　Loc 8.00 〜渋谷・成城・黒川〜Ⓝ 〜 21.00
2日　休み ラッシュ
3日　Set 8.30 〜本部〜 16.00 計 26 日 174.5H
4日　休み
5日〜7日　編集
8日　休み
9日　AR（8.00 〜 17.00）
10日　AR（8.00 〜 12.00）Nどり
11日〜15日　休み（注：ただし、13日以降は山際の風邪で休み）
16日　編集
17日　編集 オールラッシュ
18日　車撮り足し
19日　確認オールラッシュ、音直し
20日、21日　休み
22日　①話 DB
27日　初号①（10AM）

### 第10話「牙の十字架は怪獣の墓場だ！」、第11話「血を吸う花は少女の精」

5月3日　ロケハン
4日　衣装合わせ キャスティング
5日　ロケハン スタッフ打合せ
6日　衣合せ
7日　クランク・イン Loc 風呂屋 9.00 〜 Set 機内〜 16.00
8日　Loc 8.00 〜鈴木宅〜 12.00 雨・ロケハン Ⓣ打合せ
9日　Set 7.30 〜 Loc 控室〜実景〜 17.00
10日　Loc 8.00 〜鈴木宅〜 20.00
11日　Loc 8.00 〜土手、公園、白鳥家、ボロアパート、神社〜Ⓝ 〜 20.00

# 山際組撮影スケジュール

### 用語解説

Loc（ロケ）、Set（セット）、Ⓝ（夜間撮影）、オール（オールラッシュ）、DB（ダビング）、AR（アフレコ）、衣合せ（衣装合わせ）、Ⓣ（特撮）、検定（検定試写）、残（撮りこぼしたカットのこと）、尺調（編集で放送時間内に作品を収めること）、NAどり（ナレーションの録音）、Day（昼のシーンのこと）

日付に関しては、例えば1月25日は台本には〝1/25〟と書き込まれているが、年月日を付け加えている。それ以外は書き込みに出来るだけ忠実に採録したが、元が手書きゆえ、レイアウトが少々異なっている部分もある。

## 第1話「ウルトラの母は太陽のように」〜第3話「ウルトラの母はいつまでも」

73年1月25日　クランク・イン Loc お台場 新宿 9.00 〜 22.00　ききょう屋
26日　ロケハン Loc 晴海 新宿 16.00 〜 21.00
27日　Loc 成城 白鳥家、多マ川土手 9.00 〜 16.30 ラッシュ
28日　Loc 都心 8.30 新宿〜 13.00
29日　ＴＢＳ
30日　ロケハン
31日　ラッシュ ②③スタッフ打合せ ＴＢＳ
2月1日　ロケハン ぽろん亭
2日　Set 機内 怪獣の足〜ⓃLoc トランポリン、ゴルフ場 9.00 〜 22.30
3日　Loc 多マ川（電極の件）8.00 〜 15.00
4日　撮休
5日　Loc クレーン関係 8.00 〜 12.30 沢田さんⓉ打合せ
6日　Loc 多マ川（X線レーダー〜こしょう）8.00 〜 15.30
7日　撮休 ＴＢＳ打合せ
8日　中止 打合せ ラッシュ
9日　Loc 多マ川（穴、ドンパチ）8.00 〜 17.00　通夜（注：円谷一の通夜）
10日　Loc 8.00 〜ゴルフ場〜 Set 黒バック〜 14.00
11日　Set 8.00 〜胃袋〜 12.00 葬式（注：円谷一の葬式）
12日　Set 9.30 〜胃袋〜実景 東京タワー 夕日〜 17.30 ②③Ⓣ打合せ
13日　小物 根っこ、トランポリン、スイッチ、コード、9.00 〜 12.00 ラッシュ
14日　ロケハン Ⓣ打合せ どーむ
15日　Loc 9.00 〜白鳥家、表、中、〜Ⓝ 神社〜 22.00
16日　Loc 8.00 〜船〜お台場〜 2AM
17日　Loc 9.00 〜黒川〜 17.00
18日　Loc 多摩川 8.00 〜 15.00

協力・資料提供（50音順、敬称略）

| | | |
|---|---|---|
| 阿井文瓶 | 篠田三郎 | 山際永三 |
| 上野明雄 | 白熊栄次 | August Ragone |
| 上原正三 | 鈴木清 | ＊　＊ |
| 金田益実 | 田口成光 | 劇団民藝 |
| 神部美保 | 橋本洋二 | 早稲田大学演劇博物館 |
| 岸川靖 | 真船禎 | |

協力・監修

円谷プロダクション

---

編集　佐藤景一（双葉社）
装幀　谷水亮介（有限会社グラパチ）
本文レイアウト　花村浩之



この本に関するお問い合わせアドレス：satok@futabasha.co.jp

---

# 「ウルトラマンタロウ」の青春《せいしゅん》

2023年9月24日　第1刷発行

著　　者：白石雅彦《しらいしまさひこ》
発 行 者：島野浩二
発 行 所：株式会社 双葉社

162-8540 東京都新宿区東五軒町3番28号
[電話] 03-5261-4818(営業) 03-5261-4851(編集)
http://www.futabasha.co.jp/（双葉社の書籍・コミック・ムックが買えます）

印刷所・製本所：中央精版印刷株式会社



ISBN 978-4-575-31822-7 C0076